Franco W. Schneider
„Fachbereich"
in Hypnose-Coaching
und Buchautor
für Sucht und
Erinnerungs-Amnesie
verschollener Erinnerungen

beschreibt in diesem Buch, eine Fallstudie
über eine Klientin im Teenager- und
Spätadoleszenzalter ein Zerwürfnis,
das mit Liebeskummer überschattet wird
und in einem destruktiven
Labyrinth von gegensätzlichen Gefühlen endet,
wo alle Türen für einen Ausgang aus dieser
Gefühlsfalle verschlossen bleiben.
Jedoch hypnotische Gesprächsführungen mit
Autosuggestionen, führen sie „sanft" wieder
aus dieser Gefühlsfalle für
„neues Glück" heraus.

Im Anhang für SIE + IHN
ein psychologischer Leitfaden für eine
erfolgreiche Partnerschaft.
...Beziehungsfähigkeiten neu erlernen.

»Liebeskummer, der mein Leben veränderte!«
1. Auflage, erschienen 2-2023

Umschlaggestaltung: Romeon Verlag
Text: Franco W. Schneider
Layout: Franco W. Schneider

ISBN: 978-3-96229-425-0

www.romeon-verlag.de

Bibliografische Information der Deutschen Nationalbibliothek:
Die Deutsche Nationalbibliothek verzeichnet diese Publikation in der Deutschen Nationalbibliografie; detaillierte bibliografische Daten sind im Internet über *https://portal.dnb.de* abrufbar.

„Bücher"
die es wert sind,
sich vorzumerken.

Liebeskummer, der mein Leben veränderte

* * *

Einleitung

Liebeskummer

* * *

Liebe
Das Wort Liebe, so stellte sich meine Klientin einmal die große Frage, „was ist Liebe“?
Darüber hatte sie nie nachgedacht, sondern sie hatte nur dieses starke, über alles stehende Gefühl in sich verspürt, was
da Besitz von ihr genommen hatte und ihr vorher unbekannt war.
Sie hatte nie danach gefragt, was da in ihrer Gefühlswelt vorgeht.
Sie hat sich von dieser mächtigen Gefühlsenergie nur einfangen und treiben lassen.
Bis die Zeit kam, über dieses Wort **Liebe** einmal nachzudenken.
Der Anlass hierfür war:
… **Die verlorene Liebe**.

Dieses Buch gibt Hilfe zur Selbsthilfe
Für **Sie** und **ihn**,
wenn die Türen in so einem Gefühlslabyrinth verschlossen bleiben.

Da es Betroffenen dienlich sein soll,
hat sich meine Klientin,
bezogen auf das Standesrecht meiner
Schweigepflicht,
zu dieser Publikation bereit erklärt.
Dieses Buch beschreibt keine Diagnostik
oder Psychotherapie,
sondern ist ein Selbsthilfebuch mit wichtigen
Gefühlserfahrungen und Lösungen,
die hier weitergegeben werden.
Ein namentliches Pseudonym für meine
Klientin in diesem Buch ist nicht erforderlich,
da sie sich zu ihren
Erinnerungen der Liebe
offen bekennt.
„Conny und Rene", was jedoch nicht identisch
mit dem Titelbild auf dem Buch-Cover ist.

* * *

Klienten Fallstudie

Liebeskummer

Klientin „Conny“
Kapitel 1 bis 9

* * *

1. Biographische Übergänge.
Teenagerliebe,
„meine schönste Zeit“.

2. **Nachtgeflüster**
Verliebt … verlobt … verheiratet
Worte, die gefangen halten.

3. **Hassliebe**
Die Andere.
Die Gefühlsfalle ist zugeschnappt.

4. **Erinnerungen
der Liebe**

Wenn die Liebe geht.
Zurück bleibt ein zerbrochenes Herz.

5. **Gefangen im destruktiven Labyrinth**
Ein Irrgarten ohne Ausgang.

6. **Die hypnotische Gesprächsführung**
Eine Tür, die sich wieder öffnet mit dem sanften Weg aus der Gefühlsfalle.

7. Eine **analytische** Sichtweise dieser Gefühlsfalle

8. Mein **Leben** ohne „**Rene**“

9. Ein psychologischer Leitfaden für eine erfolgreiche Partnerschaft.
„Liebe" mit Beständigkeit.
Beziehungsfähigkeiten ausbilden und neu erlernen.

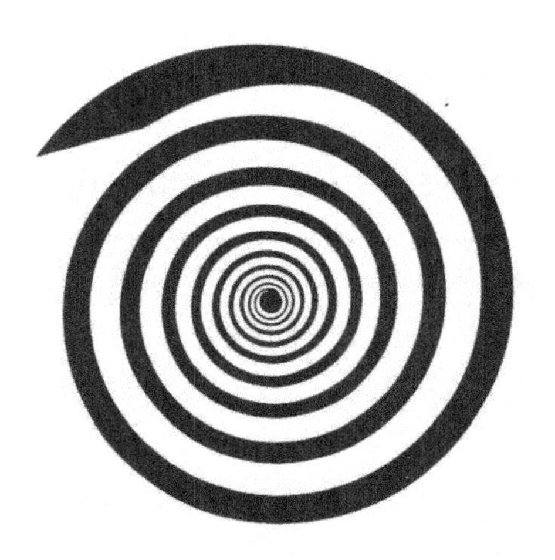

* * *

Kapitel 1

Biographische Übergänge
Teenagerliebe
„Meine schönste Zeit"

* * *

„Meine schönste Zeit"
So schilderte mir damals meine Klientin
Conny ihre erste große Teenagerliebe,
die in einer Kleinstadt nahe dem
Weserbergland in Ost Westfalen begann.
Ich war in einem Alter um die 17 Jahre,
so sagte sie,
mein Elternhaus ländlich gelegen, Dorfidylle,
und gut behütet aufgewachsen.
Ja, ich würde heute sagen, schon zu gut
behütet aufgewachsen.
Aber in der damaligen Zeit,
im ländlichen Leben mit Nachbarschaft
und Dorftratsch,
war bei uns zuhause noch strenge Moral und
Sittlichkeit angesagt.
Nachbarn beäugelten sich gegenseitig, dazu
brauchte es keine Tageszeitung.
Doch letztlich löste ich mich langsam aus
dieser familiären Moral heraus und suchte mir
eigene Wege.

Mitunter auch mit vielen Notlügen für das
ständig spätabendliche Nachhausekommen,
denn ich hatte mich im Laufe der Zeit mit
Freundinnen
aus meiner Schulzeit,
einer Jugendclique oder auch Peergruppe
genannt, angeschlossen, zu der ich mich sehr
hingezogen fühlte.
Endlich raus aus der trockenen und stumpfen
Familienidylle.
Vater nach Feierabend mit der Flasche Bier
vor dem Fernseher
und Mutter mit meinem jüngeren Bruder
mit allen möglichen Haus- und Schularbeiten
beschäftigt.
Dies kam mir immer sehr zugute, wenn alle so
beschäftigt waren und meine Notlügen:

… Ich gehe mal eben zur Freundin in die
Nachbarschaft …

auch glaubhaft bei Mutter ankamen.
Wobei ich natürlich mit dem Fahrrad den Weg
zum allabendlichen Treff zur Clique
ansteuerte.
Dieses wurde so zur Gewohnheit, dass Mütter
und Vater schon gar nicht mehr fragten.

… Wo willst du hin?

und

… Wann kommst du nach Hause?

Ich erkannte natürlich diese Nachlässigkeit
und Notlügen wurden dann nicht mehr
gebraucht.
So wurde letztlich nur noch gesagt:

… Wenn du einen Freund hast, dann wäre das
schon gut,
wenn wir ihn auch mal kennenlernen würden.

Und so bohrte Mutter immer wieder aufs Neue
und löcherte mich mit diesen Fragen:

Wann endlich bringst du deinen Freund mal
mit?

Wobei ich immer einen hochroten Kopf
bekam,
denn Mutters Worte waren fordernd und
keineswegs freundlich gesinnt.
Wobei mir mein Herzklopfen so laut vorkam,
dass ich glaubte, Mutter könnte es hören.
Ein Freund.

Ja, da war schon jemand, den ich seit Langem
beäugte
und der mir sehr gefiel.

Nicht nur sein Aussehen gefiel mir, auch wie er sich so
gab und erzählte, kam mir immer wie ein Hauch von
„**Magie**" vor.
Was ich sehr bewunderte und wie ein Magnet mich in seinen
Bann zog.
Es waren keine Gefühlsneigungen, zu denen ich mich jeden Abend in diese Clique und vor allem zur **Rene,** so hieß er, hingezogen fühlte, um nahe zu sein.
So war jeden Abend auf dem Weg dahin eine Freude groß,
wo schon meine Freundinnen und Jungs mit Cola, Bier, Zigaretten und guter Laune auf mich warteten.

* * *

… So bahnten sich viele Freundschaften in der Clique unter Jungen und Mädchen an.
Für Verabredungen am Wochenende im Landgasthof oder in der Dorfdiscothek.
So auch mit **Rene**,
dem ich auf diese Art näher und näher kam und er sehr charmant und behutsam auf mich einging.
Es war einfach seine Art,
sein Wesen
und ich glaube, er konnte auch gar nicht anders sein,
als immer höflich, hilfsbereit und liebenswürdig.
Was natürlich auch anderen nicht verborgen blieb.
Und große Aufmerksamkeit bei meinen Schulfreundinnen erregte.
Die mit schönen Augen ihm zugewandt waren und ich immer sehr auf der Hut sein musste,
dass ich meine „**große Liebe**" nicht an eine andere verliere.
Besser gesagt, ihn irgendeine mir ihn einfach wegschnappt.
Das gab mir manchmal doch schon sehr zu denken
und war auch immer mit viel Stress und Bangen um **Rene** verbunden.
Eben meine Augen immer und überall zu haben,
wo lauert gerade eine Gefahr.

Dazu noch die vielen Intrigen und
Lügengeschichten unter meinen Freundinnen,
die aus Eifersucht nicht gerade zimperlich mit
mir umgingen.

Nur, wie konnte ich das verhindern?
So kreisten meine Gedanken und Gefühle,
jeden Tag
von früh bis zum Schlafengehen um
Rene.
Oft verlor ich mich dabei in den Gedanken.

Ob es ihm wohl ähnlich gehen mag?

Und so war es schon mehr Angst, die mich
überfiel.
Ob ich ihn ganz erreichen werde oder er mir
langsam entgleitet?
Mit solchen Gedanken, in die ich mich
verloren hatte,
verspürte ich auch ebenso viel Eifersucht,
wenn ich Rene nicht jeden Tag sah.
Oder war es doch schon mehr eine Kontrolle,
die sich da bei mir eingenistet hatte?

… Aber so ist das,
wenn die Liebe mit ihren Gefühlen
übermächtig wird.

* * *

So kam es, dass Rene durch meine
Schmeicheleien aufmerksam auf mich wurde.
Jedoch mit viel Anstand und oberflächlichen
Begrüßungen und Abschiedsküsschen.
Doch dabei blieb es nicht, die
Gefühlsduseleien hatten uns erobert und eine
Freundschaft,
ja, nicht nur eine Freundschaft,
ein Liebesverhältnis hatte sich uns aufgetan.

… Nur eins war noch offen und hatte sich
noch lange hingezogen.

… „**Sex mit Rene**"
So habe ich noch heute gut in Erinnerung, dass
Rene immer sehr taktvoll war und mich nicht
dazu drängte.
Er hatte einfach nur lange gewartet,
bis **ich** dieses schließlich aus meinen
Emotionen heraus
an einem späten Sommerabend einlenkte.
Irgendwie, so spürte **ich,** war **die Zeit dafür
gekommen**.
An diesem Sommerabend, es war
Wochenende nach einem Tanzabend.
Rene war etwas älter als ich und fuhr schon
ein Motorrad,
da sagte ich auf der Nachhausefahrt:

… Meine Eltern sind heute Abend nicht da
und kommen erst morgen zurück.
Komm, wir fahren zu mir und haben mein
Zimmer die ganze Nacht für uns.
Innige Umarmungen und viele Küsse folgten
von Rene auf diese nächtliche Einladung.
Fühlten wir doch in diesem Augenblick das
Gleiche.
Die Zeit dafür war gekommen.

Dazu braucht es nicht viel Worte und lange
Ansprachen, **Gefühle** haben ihre eigene
Sprache.
So geschah es auch ohne viele Worte.

* * *

… Ich muss sagen, dass ich damals doch
schon sehr aufgeregt war.
Es war das erste Mal und ich noch unschuldig.

Was kommt da auf mich zu?
Was werde ich erleben?
Ist das dann noch der gleiche Rene, den ich
zuvor kannte?
Oder bin ich einer Art Gewalt oder gar
Perversion im Sex ausgeliefert?
Wovon Mutter mit ihrer Moral und Sittlichkeit
immer predigte.

… So oder ähnlich waren meine
Befürchtungen vor dem „ersten Mal“.

Doch mit ein wenig Alkohol verflüchtigten sich diese Gedanken wieder und lösten meine Ängstlichkeit und
Hemmungen auf.
So kann ich heute sagen, nichts dergleichen von meinen Befürchtungen kam damals auf mich zu.
Es war ein Liebestaumel,
ein Liebesrausch, der uns eingefangen hatte.
Mit der großen Sehnsucht, dass es nie enden sollte.
Dafür gibt es keine Worte,
das sind übermächtige Liebesempfindungen, die wir erleben durften und wofür es kein Lehrbuch oder Nachschlagewerk gibt.

… Manchmal verteilt die **Natur** so eine Zweisamkeit für körperliches Empfinden und Empfangen.

… **Zweisamkeit**,
das war von nun an das Wort für uns.
Rene und **ich**.
Was unsere Liebe,
ja, ich würde sagen besiegelte.
Das spürten wir beide von nun an ganz stark.

* * *

Und so verging eine lange Zeit.
Wir waren ein festes und inniges

Liebespaar geworden.
Rene war ein sehr attraktiver junger Mann und **ich**
eine ebenso attraktive junge Dame im Teenageralter.
Eben ein Paar, das beneidet und anschaulich war.
Mit diesem Bewusstsein sonnten wir uns in diesen
Bewunderungen und fühlten uns gut dabei.
Rene war in dieser Zeit immer noch ein Motorradfahrer und wir gehörten weiter der alten Clique an, wo noch viele dem Motorradsport mit Begeisterung zugehörig waren.
So war es immer sehr abenteuerlich, wenn alle starteten
und ich bei **Rene** auf der Maschine hinter ihm saß.
„Er" vorn am hohen Lenker und ich hinter ihm mit fester Umarmung, wenn er loslegte und mit hoher Geschwindigkeit durch die Kurven fegte.
Je schneller er die Kurven nahm, so weiß ich heute noch,
desto fester meine Umklammerung und erregter wurde ich.
Nun, da waren dann später die Liebkosungen und Leidenschaft
für Liebesbedürftigkeit groß.
Ja, das war damals so und es war schön, diese Gefühle in der

Liebe erfahren zu haben.
Das ich bis heute nicht missen möchte.
Liebe und Gefühl geht eben ihre ganz eigenen Wege.
Ebenso war es in der Diskothek beim Tanzen, da drückte mich **Rene** ganz fest an sich und sein Parfüm, dass ich so intensiv aufnahm, führte danach immer mit ganzer Hingabe zu einem intensiven Liebesbegehren.

* * *

… Nun aber war es doch höchste Zeit, den löchernden Fragen meiner Eltern zu folgen:

… **Wer ist dieser Rene?**

Den sie bisher nur vom Namen und dem Foto auf dem Nachttisch neben meinem Bett kannten.
In diesen Dingen war Rene doch etwas schüchtern, meine Eltern zu besuchen und ihnen mit ihren Fragen gegenüber zu sitzen.
Auch ich hatte irgendwie kein gutes Gefühl dabei,
mich womöglich mit schlechtem Gewissen in Lügen zu verstricken.
Denn meine Eltern, das ahnte ich,
würden an meinem **Rene** kein gutes Haar lassen und ihn ausquetschen wie eine saure Zitrone.

Doch was soll ich sagen, die Zeit des
Kennenlernens war vorangeschritten und kein
Weg ging nun mehr daran vorbei,
elterliche Besuche abzustatten.
Gut angezogen und die Haare frisiert,
was auf einer Motorradfahrt nicht immer
einfach war,
fuhren wir als Erstes bei Renes Eltern vor.
Oh, mein Gott,
ich weiß noch heute, wie mein Herz schlug,
und der Atem stockte beim Empfang an der
Haustür.

… Doch eine Überraschung tat sich in diesem
Augenblick auf',
als ich einen kleinen Blumenstrauß
überreichte.
Denn von **Renes** Eltern hatte ich eine ganz
falsche Vorstellung oder auch Meinung.
Da **Rene** nie viel vom ihnen gesprochen hat
und ab und an auch kein gutes Haar an ihnen
gelassen hat.

… Kommt doch rein.

So Renes Mutter:

Ich habe schon auf euch gewartet und schön,
dass wir uns auch mal kennenlernen.

Ihr Stimmklang ließ mich aufhorchen.

So gelassen, ruhig und angenehm war das zu hören.
Mit höflichen Gesten und einem strahlenden Lächeln im Gesicht, wobei mein Herzrasen sich langsam wieder beruhigte.
So führte sie uns ins Wohnzimmer mit Vater im Gefolge, der vorerst nur noch das Notwendigste von sich gab.
Aber trotzdem auch sehr höflich und zuvorkommend auf mich einging.
… Durch Mutters ständiges Gerede löste sich dann auch der Vater aus seiner Zurückhaltung.
So kann ich im Nachhinein sagen,
war das damals eine sehr herzliche Begegnung, was ich so nicht erwartet hatte.
Sie waren so ganz anders und das Gegenteil von meinen Eltern,
die eher die übertriebene moralische Sittlichkeit pflegten.

… So ging ein langer und schöner Nachmittag bei Renes Eltern zu Ende. Der so lange eigentlich gar nicht gedacht war und wie im

Flug verlief, da sich viele Gemeinsamkeiten in den Unterhaltungen auftaten und eine stumpfe oder pausenhafte Unterhaltung mit Schweigen oder nach Gesprächen zu suchen, sich erst gar nicht einschlichen.

Die Küsschen zum Abschied und die innigen Umarmungen von Mutter und Vater ließen mich spüren, die erste Hürde elterlicher Besuche war geschafft. So war ich sehr erleichtert, denn mein Gefühl sagte mir:

… **Ich war angekommen.**

Auch mein **Rene** war glücklich über dieses gelungene Zusammentreffen. Denn es war schon wichtig. Hatte doch jeder für sich insgeheim so ein paar gedankliche Pläne für die nächste lange Zeit oder besser gesagt, für unsere Zukunft. Was uns im Kopf herumschwirrte.

Vielleicht eine Verlobung mit einem Heiratsversprechen. Unsere Gefühle jedenfalls brachten uns in solche fantastischen Vorstellungen.

* * *

Nun aber stand uns noch etwas viel Schwierigeres bevor.
Der Besuch mit **Rene** bei meinen Eltern, was schon sehr bedenklich war.

Würde alles so toll und gut verlaufen wie bei Renes Eltern?

Ich hatte starke Zweifel, da Begegnungen dieser Art meine Eltern mit ihrer übersteigerten höfischen Etikette **meinen Rene** eher als einen Eindringling in ihre Familienidylle sehen werden.
Wie also sollte ich meine große Liebe meinen Eltern zuführen,
oder anders ausgedrückt, vorstellen, damit sich daraus nicht ein **Desaster** auftut und Rene als unwillkommener Gast abgetan wird.
So war das alles doch sehr bedenklich.
Hatte ich ihn doch bekommen und würde ihn dadurch vielleicht wieder verlieren,
oder dass die Liebe anfängt, sich aus meinem Leben zu schleichen.
Das machte mir schon große Sorgen und auf vieles, was kommen könnte, habe ich Rene für den bevorstehenden Besuch bei meinen Eltern eingeweiht,
in der Hoffnung:

Es wird schon alles gut werden und **die Liebe wird siegen.**

* * *

Nun war der Tag da, der Besuch bei meinen Eltern war angesagt.
So fuhren wir mit dem Motorrad vor und ich wusste schon, ohne Rene was davon zu sagen, dass Vater
auf Motorradfahrer gar nicht gut zu sprechen war.
Warum, weiß ich nicht.
Vielleicht hat er mal schlechte Erfahrungen damit gemacht
oder er mochte die Lederbekleidung nicht oder irgendwas anderes, was ihm nicht gefiel.

… Der lange Gartenweg zum Haus erschien mir endlos.
Dann die Hausglocke, dass wir da waren.
Dabei hätte man mein Herzklopfen wieder hören können
und ich konnte Rene ansehen:

Viel besser ging es ihm in diesem Augenblick auch nicht.

… Sonderbar, sonst ist Mutter immer schnell an der
Haustür, wenn es läutet.
Doch diesmal dauerte und dauerte es.
… Noch mal fester auf die Hausglocke latschen
und diesmal gleich drei Mal kurz.

Nun endlich, nach langem Warten, war im Flur jemand zu hören,
der vorsichtig die Haustür öffnete, als wenn jemand vorher noch
einen Blick durch den Türspalt erhaschen wollte.
Wer da ist.

… Nun stand Mutter vor uns, ihre Küchenschürze noch um, mit dem Geschirrtuch in der Hand und für einen Besuch keineswegs vorzeigbar.

Hallo Mutter,
das ist **Rene**.

… Beim ersten Anblick nahm auch Rene aus Verlegenheit die steife Haltung von Mutter ein.
Die förmlich auf meinen „**Rene**“ überschwappte mit den Worten:

… Guten Tag und danke für die nette Einladung.

… Mit höflichem Diener und einem Strauß Blumen, den **Rene** noch auf die Schnelle unterwegs beim Tanken an der Tankstelle gekauft hatte.

… Nur ein kurzes Danke von Mutter mit ausdruckslosem Gesicht und den Worten:

Na, dann kommt mal rein, Vater ist noch im Garten am Hecke schneiden und wird wohl später reinkommen.

… Mutter mit strammem Gang in Feldwebelart, wie beim Militär vorweg zum Wohnzimmer.
Rene und ich wie im Dackelgang hinterher. Immer noch mit ungutem Gefühl.

Na, ob das wohl heute auch alles gut geht?

… Ehe Mutter den Platzweiser spielte, wies ich **Rene** seinen Platz am Kaffeetisch zu.

… Setz dich in diesen Sessel, Vater und Mutter haben ihre feste Platzordnung auf dem Sofa und ich werde schon mal die Kaffeekanne und den Kuchen aus der Küche holen.

Mutter hatte für unseren Besuch doch schon einiges vorbereitet.
Aber ich brauchte einige Zeit, das Geschirr auf das Tablett zu stellen und die Erdbeertorte zu schneiden.

… Hoffentlich lockert sich diese angespannte Atmosphäre etwas auf und was geht Rene so im Kopf herum?
Der fühlt sich bestimmt gar nicht gut.

Ich werde mich beeilen, damit er mit Mutter nicht so lange alleine ist.
Meine Vorbereitungen waren soweit erledigt und mit vollem Tablett steuerte ich wieder das Wohnzimmer an.

... **Seltsam,** so dachte ich noch, wenn man sich im Wohnzimmer unterhält, sei es bei Besuch oder Mutter und Vater reden, dann dringen die Gespräche immer bis zur Küche durch.
Doch bis jetzt war es die ganze Zeit **still**.
Dass man eine Stecknadel fallen hören konnte.
Kein **Rene** und keine **Mutter** waren zu hören.
Rein nichts drang aus dem Wohnzimmer.
Haben die wirklich die ganze Zeit geschwiegen und sich nichts zu sagen gehabt?
Womöglich haben sie sich nur angesehen oder auf den Boden geguckt.
Also kein gutes Zeichen und **Rene** war sichtlich erleichtert,
als er mich wieder aus der Küche kommen sah.

... Mit ein paar nichtssagenden Worten über das Wetter, Garten, Kaffee und Kuchen, was die gesellige Kühle wenigstens etwas auflockerte und Mutter ausdruckslos auch so hinnahm.
Nun musste ich meinen ganzen **Mut** zusammenpacken und ich erzählte über unsere Zeit des Kennenlernens.

Den gemeinsamen Unternehmungen, den
Beruf
von Rene als Tischler im elterlichen Betrieb
und nicht zu vergessen, auch über **Renes
Eltern**,
die wir ja zuvor schon besucht hatten und bei
denen ich sehr freundlich und zuvorkommend
aufgenommen wurde.
…“**Nur**“ dieser letzte Satz

… „Und ich sehr zuvorkommend und
freundlich
aufgenommen wurde“, versetzte Mutter einen,
ja, ich würde sagen Seitenhieb und war ihr
ganz und gar nicht recht.
Das von ihrer Tochter zu hören.
Ihre platte Reaktion darauf:

… Du hättest deinen Freund ja auch **zuerst**
mit zu uns bringen können und noch so ein
paar negativ angehauchte Bemerkungen
hinterher.
Rene sah wie angewurzelt und schon eher
hilfesuchend mit dem Blick auf die Uhr zu mir
hinüber.

… Was kommt da wohl noch alles auf uns zu?
Den Kuchen verneinte er, die Erdbeeren könne
er nicht vertragen.
Was natürlich nicht stimmte und er nippte ab
und an verlegen an seiner Kaffeetasse.

Rene wusste einfach nicht, wie er sich in
diesem kühlen Umgang
verhalten sollte und brachte nur sporadisch ein
paar
nichtssagende Sätze in die stockende
Unterhaltung ein.
Die Zeit wollte und wollte nicht rumgehen und
Renes Blicke verrieten mir:

Hoffentlich gehen wir bald wieder.

Doch das war noch nicht so schnell möglich,
denn da war Vater, der sich gar nicht blicken
ließ.
Wahrscheinlich schnitt er gerade heute, wo
Rene zu Besuch war, die Hecke übergenau.
So eilte ich kurz zu ihm hinaus.
… **Papa**, komm doch auf ein paar Minuten
kurz rein, guten Tag zu sagen, wir wollen
gleich wieder fahren.

… Nun ja, das tat er dann auch.
Förmlich und kühl wie sowieso schon alles
war, blieb es auch bei einer kurzen Begrüßung
und dem Hinweis:

… Es sieht nach Regen aus, die Gartenarbeit
wartet auf mich.

Wobei sein zurechtgestelltes Kaffeegedeck
ungenutzt blieb und seinen letzten Worten
waren:

… Fahrt bloß vorsichtig, Motorradfahrer sind immer gefährlich unterwegs.

Die Kühle und Herzlosigkeit, die von Mutter und Vater ausging,
war für **Rene** und **mich** nicht mehr aushaltbar und genauso freudlos, wie wir empfangen wurden, verabschiedeten wir uns auch wieder.
Ja, so unterschiedlich können Eltern sein,
wenn ein Eindringling
ihre Familienidylle stört.
Mit dem Versuch, ihnen etwas wegzunehmen, was ihnen gehört. Ihre Tochter.
Sie hatten unserer **Liebe** keine Chance gegeben.
Mein Gefühlserleben denunziert und verletzt.
Und vor allem, wie sollte ich das **Rene** erklärbar machen?
Da doch seine Eltern so ganz anders waren.
Ich hoffte nur sehr, er stellt seine Liebe zu mir über das heutige Geschehen.

* * *

Nun saßen wir erst mal schweigend auf dem Motorrad und grübelten mit den stammelnden Worten von **Rene:**

… Das war ja ein schöner Reinfall bei deinen Eltern.
Ich hoffe, es lag nicht nur an mir oder sind deine Eltern immer so frisch und kühl.
Ich jedenfalls war schon mit guter Absicht gekommen, aber ich wurde von vornherein abgelehnt.
Ich glaube, sie hatten eine ganz andere Vorstellung von deinem Freund oder Zukünftigen.

So Rene über seinen Frust.

… Irgendwie wirst du schon recht haben, antwortete ich.
Die können eben nicht aus ihrer Haut heraus.
Vater nicht und Mutter erst recht nicht.
Komm, schmeiß die Maschine an und lass uns zu unserer Clique fahren, damit wir auf andere Gedanken kommen.

Rene, immer noch im Frust ließ das Motorrad mit scharfem Anfahren und quietschenden Reifen aufheulen.
Wobei ich während der Fahrt ihn ganz fest umklammerte

und meinen Kopf auf seine Schulter legte, als wollte ich ihm damit sagen:

… Bleib bei mir, egal wie es ist.

Und ich hoffte sehr, Rene würde diese Geste von mir als eine Art Entschuldigung für meine Eltern verstehen.
Lange versuchten wir, für diesen misslungenen Besuch bei meinen Eltern doch noch eine Lösung zu finden.

Vielleicht mit einem zweiten Anlauf, einem unangekündigten Überraschungsbesuch oder einer Einladung ins Theater, Restaurant, oder sonst irgendwas.
Um das Ruder doch noch rumzureißen.
Doch egal, wie wir darüber dachten, wir drehten uns im Kreis.
Denn so gut wir das auch meinten, bei einem zweiten Versöhnungsanlauf bestand immer noch die Gefahr für ein
absolutes **Desaster**.
Womöglich noch kälter und herzloser als zuvor.

So blieb alles, wie es war, und zu Hause gingen Mutter und Vater sowieso dem Thema Freund und Rene tunlichst aus dem Weg.

Für sie war Rene außen vor und ein
Eindringling ohne Chance.
Sie sagten es **nie**, aber ich konnte es spüren.

* * *

So vergingen etliche Tage und das
Unmögliche, ja das absolut Unfassbare
offenbarte sich,
als wir zu einem kurzen Besuch bei Renes
Eltern vorfuhren und Mutter vom Knattern des
Motorrades aufgescheucht wie ein Huhn mit
hochrotem Kopf schon in der Haustür stand.

… Kinder, Kinder.

So sprudelte es aus ihr heraus. Connys Mutter
war hier.
Mit der dringlichen Bitte:

… Rene solle das Verhältnis zu dir beenden.
Er wäre nicht der Richtige für ihre Tochter.
Ich solle mal ernst mit ihm reden und noch so
ein paar taktlose Bemerkungen.

… Nun hatten wir alle einen hochroten Kopf
und es verschlug uns die Sprache.

… Auf so manches war ich bei meiner Mutter
gefasst.

So Conny.

… Aber das war ihr größtes Meisterstück.

Höflich, wie sie war, bat uns Renes Mutter auf einen Kaffee herein und stellte sich kompromisslos auf unsere Seite.

Oh, was tat uns das gut.
Wollten wir doch zusammenbleiben und nicht durch elterliche Missgunst zerrissen werden.
Bei Kaffee und Kuchen beruhigten sich die aufgeheizten Gemüter.
Und ich hatte wieder das gute Gefühl, bei **Renes Eltern** angekommen zu sein.

* * *

Nun waren in den Elternverhältnissen die Fronten endgültig geklärt und wir wussten, eine Annäherung wird es wohl nicht mehr geben.
Doch eines habe ich an **Rene** sehr geachtet. Er stand weiter an **meiner Seite**.
Nichts hatte sich dadurch geändert.
Ja, eher das Gegenteil war eingetreten. Denn unsere Liebe hatte eine erste wichtige Prüfung überstanden.

Eine sehr wichtige Prüfung, denn welche Liebe war stärker?
Die elterliche Liebe oder unsere Liebe?

Diese Erfahrung machte uns sehr glücklich und schweißte uns mehr denn je zusammen.
So mussten letztlich auch meine Eltern die leidige Erfahrung machen, wie mächtig und stark doch **Teenagerliebe** sein kann.
Mit Festhalten, was nicht festzuhalten ist.
Liebe, diese mächtige Gefühlsenergie, kann Fesseln sprengen
und vieles ermöglichen.
Was unter normalen Umständen **nie** möglich gewesen wäre.

* * *

Und so gingen **Rene** und **ich** weiter unserer Wege mit Treffs in der Motorradclique, Einladungen auf kleinen Partys mit Grillabenden oder an den Wochenenden zum Tanzen in eine Diskothek. Wobei ich noch heute gut in Erinnerung habe:

Der Rene war schon ein toller Freund oder sollte ich besser sagen ein toller Liebhaber? Oder auch beides?
Wenn er mir nette Liebkosungen beim Tanzen ins Ohr flüsterte und mich dabei ganz eng zu sich heranzog.
Mit festem Griff in meine Hüften, bis ich dahinschmolz.
Oder besser gesagt mit ihm zusammenschmolz.
Was viel neidische Blicke von anderen auf uns zog.
Wir waren eben ein auffälliges, reizvoll anzusehendes Liebespaar.
Vielleicht auch für andere ein **Traumpaar.**
Denn unsere Gefühle kehrten sich von innen nach **außen** und erregten für Beobachter viel positive Aufmerksamkeit.

* * *

So vergingen ein paar Jahre,
als **Rene** eines Abends zu mir sagte:

… **Püppchen,** was ich heute gemacht habe,
wird dich überraschen oder auch erschrecken.
Aber es ist nichts Schlimmes und vielleicht
eine zweite Prüfung für unsere **Liebe**.
Ich gehe für viele Jahre als Zeit- und
Berufssoldat zum Militär.
Um besser und unabhängiger im Beruf und
von meinen Eltern zu werden.

… Nun das war für mich wie ein Bogenpfeil
ins Herz.
Rene nicht mehr in meiner Nähe zu haben und
ich allein Tag für Tag und weit weg **mein
Rene**.
Tränen standen mir bei diesen Worten in den
Augen.
Rene tröstete mich in meiner Verzweiflung.

… Mach dir keine Sorgen, Püppchen, nichts
wird sich dadurch ändern.
Unsere Liebe wird siegen.

… Oh, tat das gut von ihm zu hören und meine
Tränen kullerten noch mehr übers Gesicht.
Doch jetzt vor **Freude**.
Und so sagte er weiter:
… Schau mal, Püppchen, es ist die
Militärstation hier ganz in der Nähe.

Die konnte ich mir aussuchen, weil ich mich für viele Jahre verpflichtet habe.
Und das Beste ist, wenn ich einige Ausbildungen in anderen Bundesländern abgeschlossen habe, dann werde ich nach hierher für weitere Dienstjahre und Ausbildungen versetzt.
So kann ich in deiner Nähe sein und wenn nichts Wichtigeres oder ganz Besonderes im Dienst ansteht, auch jeden Abend nach Hause zu dir fahren.

… Ja, das tat noch mal so richtig gut zu hören und die zweite Liebesprüfung schien jetzt doch nicht mehr so schwer.
Denn ein Tag ohne Rene, das war mir bislang fremd und ich glaube, er ahnte meine Traurigkeit, die da auf mich zukam.
Dass er doch bemüht war, auch als Soldat in meiner Nähe zu bleiben.

* * *

So kam der Tag der Einberufung und Antritt beim Militär.
Weit entfernt von zu Hause und **mir**.
Dem ich mit viel Bangen entgegensah.
Ohne Rene, der nun für eine lange Zeit nicht mehr mir allein gehörte.
Ich weiß noch, wie ich am Bahnhof stand, um Abschied zu nehmen und ich ihn nicht gehen lassen wollte.
Der Zug zur Abfahrt setzte sich schon in Bewegung und Rene zog mich noch in letzter Sekunde in das fahrende Zugabteil.

… Ganz mitnehmen kann ich dich nicht, aber drei Stationen haben wir noch Zeit.
Dann steigst du wieder aus und nimmst den nächsten Zug zurück.

… Drei Stationen Zeit mit viel Herzklopfen und vielen, vielen Umarmungen und Küssen.
In denen wir förmlich miteinander verschmolzen.
Doch die Wirklichkeit holte uns nach drei Stationen schnell wieder ein.

… Noch ein letzter Kuss, dann dem Zug mit Winken nachsehen und in Gedanken:

Komm bald wieder zurück zu mir.
Bis der Zug ganz in der Abenddämmerung verschwand.

Nun war ich allein und die Tage kamen mir endlos lang vor.
Wobei ich mich nur immer einem entgegen sehnte.

… Rene, wann kommst du zurück zu mir?
Und vor allem, dass dir in der Fremde nichts geschieht.

Viel wurde in der langen Zeit telefoniert und gegenseitig beteuert:

… **Ich liebe dich**.

* * *

Die Zeit blieb für uns nicht stehen und wie die Trennung wird sie uns auch wieder zusammenführen.
So verging das lange Warten, das mir vorkam wie Jahre.
Bis Rene mich überraschend anrief.

… Püppchen, hol mich doch gleich vom Bahnhof ab.
Ich bin in 30 Minuten da.

Vor Schreck bekam ich in diesem Moment kein Wort heraus.
Denn ich hatte durch die letzten Gespräche alles so verstanden, dass er erst in den nächsten Monaten zurückkommen würde.
… Doch das hatte sich **Rene** als große Überraschung ausgedacht.
Mich ganz spontan mit diesem schelmischen Spaß zu überraschen.
Einige Male fragte ich nach, ob ich das mit den 30 Minuten am Bahnhof richtig verstanden habe.

… Ja, Püppchen.
30 Minuten und sei pünktlich.
Ich will nicht eine Minute länger warten. Die Zeit ohne dich war schon lang genug.

Oh mein Gott,

30 Minuten und ich war noch zu Hause mit allerlei Gartenarbeit beschäftigt.
Ungeschminkt und die Haare vom Wind zerzaust, Fingernägel nicht lackiert, schmuddelig und so gar nicht vorzeigbar für eine Überraschung.
Mir gingen nur noch die 30 Minuten durch den Kopf.
Diese Zeit reichte gerade so aus, mit dem Fahrrad zum Bahnhof zu fahren und das mit Tempo.
Keine Minute länger sollte **Rene** auf mich warten.
Auf Schönheit und Schminke wurde verzichtet.
So trat ich kräftig in die Pedale dem Bahnhof entgegen.
Wobei ich so manche rote Ampel in Windeseile übersah.

… Und da stand **er**.
Mein Rene in Soldatenuniform mit einer großen Schirmmütze auf dem Kopf, neben ihm der Koffer und ein Blumenstrauß in seiner Hand.
Mit dem er schon von Weitem winkte.
Oh, wie klopfte mir bei diesem Anblick das Herz.
Das so laut schlug, als könnte Rene es auch hören.
Mit Küssen versank ich in seinen Armen und vorbeigehende Reisende klatschten Beifall.

Sie haben mitempfunden, was da drinnen in uns vorgegangen sein mag.

… Ein verliebtes Soldatenpaar nach langer Trennung.

* * *

Rene hatte in der Folgezeit Urlaub, für die Vorbereitungen in der nahegelegenen Militärstation,
wo er nun fortan für Lehrgänge und Dienstgrade stationiert war.
Ruhe war bei mir eingekehrt, denn er war ja wieder ganz in meiner Nähe und konnte, wann immer er wollte, spontan nach Hause zu seinen Eltern.
Und natürlich auch zu mir kommen.
Die Motorradzeit ging für Rene zu Ende und er kaufte sich ein Auto.
Ein recht schickes Auto, in dem ich immer ganz stolz neben ihm Platz nahm.
Auch ich war bemüht, einen Führerschein zu machen und so unternahmen wir sehr viel schöne Ausflüge und bei gutem Wetter in offenem Cabrio an den einen oder anderen See und Badeort, immer mit viel Ausgelassenheit im Ausgehen.
So auch mit Übernachtungen in kleinen Pensionen oder Hotels.
Wo wir uns immer als Ehepaar auf Hochzeitsreise ausgaben

und in die Anmeldeliste eingetragen haben.
Das war immer sehr abenteuerlich und aufregend.
Eine ganze Nacht das Ehebett im Doppelzimmer zu teilen.

… Nur der Ehering fehlte und ich glaube, der Blick darauf an der Hotelrezeptionen war bedeutungslos.
Rene und ich machten als Ehepaar einen glaubhaften Eindruck,
das frisch verheiratet auf Flitterwochen war.

… Doch über eines waren wir uns immer sehr einig.
Nicht so früh mit Familienplanungen anzufangen.
Und ich kann mich noch heute gut daran erinnern, das war schon so manches Mal ein großes Bangen und Zittern.
Schwanger oder nicht schwanger zu sein.
Das war zur damaligen Zeit unsere Einstellung.
So eine frühe Verantwortung nicht eingehen zu wollen.
Und wie sich viel später herausstellen sollte, die richtige für uns war.

… Wir, ein unzertrennliches Liebespaar, lebten unbekümmert auf diese Weise in der langen **Teenagerzeit.**
Und fragten nicht danach.

… **Wer weiß schon, was der Morgen bringt.**

Ende

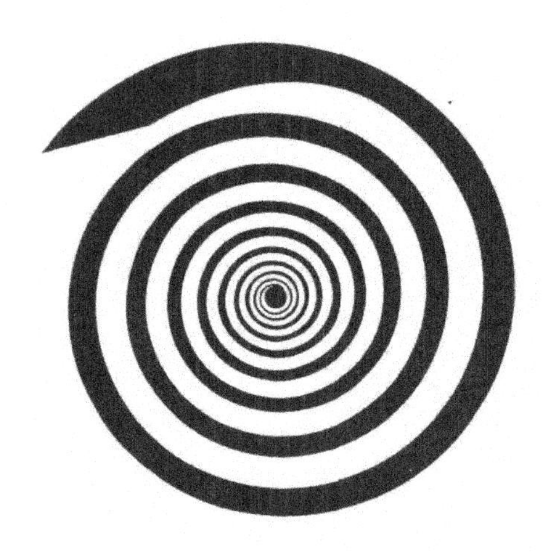

* * *

Kapitel 2

Nachtgeflüster

verliebt – verlobt – verheiratet.

Worte, die mich gefangen halten.

* * *

Die Eltern von Rene waren einige Wochen in ihren Jahresurlaub verreist und Rene hatte in dieser Zeit Urlaub vom Militär.
Auch ich konnte mich mit Urlaub von meiner Arbeit freistellen lassen.
Sodass uns eine schöne Zeit bevorstand.

… Wunderbar.

So dachten wir.

Gehörte uns doch jetzt das ganze Haus.
In dem wir wie ein Ehepaar leben oder anders ausgedrückt eine Ehe auf Probe führen konnten.
Meine Eltern wussten davon und mussten es mehr oder weniger mit ihrer **Missgunst** hinnehmen.
Denn schließlich war ich nicht mehr ihr kleines Mädchen.
Ich war eine junge Frau mit Selbstständigkeit geworden und außerdem war da ein langes

Freundschafts- und Liebesverhältnis, das Rene und mich verband.
So war es mir letztlich auch egal, was oder wie meine Eltern darüber dachten.
Nun lebten wir unsere Ehe auf Probe viele Wochen in dem Haus von Renes Eltern.
Für jeden neuen Tag hatten wir uns immer einen Erlebnisplan ausgedacht.
Was wir alles erledigen oder unternehmen wollten.
Bei gutem Wetter im Garten sonnen, ganz besonders lange Ausflüge mit dem Auto, eben alles, was unsere Gemeinsamkeit lebenswert machte.
So fieberten wir immer den spätabendlichen Romanzen vor dem Schlafengehen im gemeinsamen Ehebett entgegen.

… Auch wenn wir immer noch sehr mit unserer Clique verbunden waren und Rene in dieser Zeit tolle kleine Gartenpartys und Grillabende im bunt geschmückten Lampiongarten mit Musik und viel guter Stimmung organisierte,
das all unseren Gästen gefiel und wir viel Bewunderung als junges Liebespaar auf uns zogen.
Doch auch mit der einen oder anderen Anspielung.

… Rene,

wann wollt ihr euch endlich verloben und heiraten?
Oder seid ihr das schon heimlich?

… Nun, das war das Wort des Abends.
Und eine riesige Überraschung für **mich.**
… Mein Rene zog zwei Ringe aus der Tasche mit den herzergreifenden Worten:

… Hiermit verkünde ich unsere Verlobung.
Mit einem Heiratsversprechen, das ich hier und heute euch allen bekannt gebe und ihr Zeugen dieser Absicht seid.

… Wie schon oft kamen mir wieder die Tränen, aber es waren Freudentränen.
Viel Beifall und Glückwünsche folgten diesen Worten von unseren Gästen.
Rene hatte es wieder mal geschafft, mich zu überraschen.
Gesprochen hatten wir schon lange über unsere Verlobung und spätere Heirat.
Jedoch blieb die Zeit dafür noch offen.
Und so feierten wir umso ausgelassener bis tief in die Nacht hinein.
Ein schöner Tag ging dem Ende zu und wir waren verlobt.

* * *

So näherte sich auch langsam die Urlaubszeit mit der

Ehe auf Probe dem Ende zu.
Die Rückreise von Renes Eltern stand für den nächsten Tag an und wir waren eilig damit beschäftigt, Haus und Garten von der Partymeile wieder ordentlich herzurichten, so wie die Eltern es verlassen hatten.
Sorgen machte uns nur der abgestandene und kalte Zigarettendunst im Haus.
Der wollte und wollte trotz aller offenen Fenster und Türen für Frischluft nicht weichen.
Doch half letztlich ein Spray als Geruchslöser das Problem in den Griff zu kriegen.
Denn Renes Eltern waren gegenüber übertriebener Ausgelassenheit sehr konservativ und empfindlich.
Sie sollten keinen schlechten Eindruck von uns und vor allem von **mir** haben.
Denn das würde sich für den guten Eindruck, den sie von mir hatten, gar nicht gut machen.
Dass während der Abwesenheit ihr Haus eine **Kneipe** war.

… Nun gut,
so waren wir den letzten Abend noch sehr damit beschäftigt, wieder Ordnung in das ganze Geschehen zu bringen.

* * *

Die letzte Nacht, so dachte ich, wobei ich noch mit dem Abtrocknen von Geschirr beschäftigt war, als Rene mich mit Küsschen von hinten in seine Arme schloss und mir dabei ins Ohr flüsterte:

… Ich geh schon mal nach oben ins Schlafzimmer und warte auf mein Püppchen. Lass den Rest Geschirr doch liegen, das kann ich auch morgen früh noch erledigen.
Unsere letzte Nacht mit der **Ehe auf Probe** ist angebrochen und ich habe mir eine Überraschung für uns ausgedacht.

… Und da hatte Rene was gesagt, das mir so gar nicht mehr aus dem Kopf ging.
Eine Überraschung.
Und so knobelte ich beim letzten Geschirrtrocknen mit den Gedanken herum, was um Himmels willen meinte er damit?
Was ich noch nicht kannte.
Was konnte das nur sein?
So wurde ich weiter von meiner Neugier getrieben und machte mich gespannt auf den Weg ins Schlafzimmer.

… Sehr sonderbar, als ich das Schlafzimmer betrat, brannten vier Kerzenständer,
die Rene in anderen Nächten nie angemacht hatte und da waren ein Sektkübel mit einer Flasche Sekt und zwei Gläser auf dem Tisch.
Gedämpftes Licht und romantische Musik aus unserer alten Kennenlernzeit.

Nach der wir immer sehr verliebt getanzt hatten.

... Rene, ich bin erschrocken.

So meine Worte darauf.

Nicht schon wieder eine Party und diesmal noch im Ehebett.
Ich habe immer noch Kopfschmerzen von dem letzten Trinkgelage mit der **Clique** im Garten.

... Komm, leg dich zu mir.
Keine Party. Auch wenn es für dich so aussieht,
waren seine einfühlsamen Worte.

... Doch es ließ mir keine Ruhe und nervös, wie ich sowieso schon war, dachte ich so bei mir:
Er hat sich doch wohl keine neue Bettgeschichte ausgedacht oder gar Perversitäten.
Und dass er womöglich in der letzten Ehenacht noch zum **Sexprotz** geworden ist.

... Nun lag ich neben ihm eigentlich wie immer in seinem Arm.
Aber irgendwas war heute Nacht anders an Rene.
Ich konnte mir keinen richtigen Reim daraus machen.

Sein Stimmklang war irgendwie verändert und seine Umarmung war zärtlicher und anschmiegsamer als sonst.
Er flüsterte mir dabei leise ins Ohr:

… Püppchen,
es war eine so schöne Zeit mit **dir**.
Unsere Kennenlernzeit und **Treue,** die wir uns hielten und viel Schönes, was wir erlebt haben.
So auch unsere Ehe ohne Trauschein in den letzten Wochen hier im Haus meiner Eltern.
… Vor Schreck verschlug es mir bei diesen Worten den Atem und ich versank ins Bodenlose mit dem Gefühl, Rene will doch wohl nicht so einfach Schluss machen nach der kurzen Verlobung und das heute an unserem letzten Abend.
Ist das womöglich alles eine Abschiedszeremonie?
Eine **Trennung,** aus und vorbei für immer?

… Ich glaube, in diesem Augenblick spürte Rene meine Unsicherheit, die sich da in mir regte und er sagte weiter:

… Püppchen,
ich glaube, unsere Zeit ist gekommen.

… Oh mein Gott.

So meine wirren Gedanken.

Es ist wirklich wahr, Rene will sich von mir trennen.

Und er flüsterte mir zaghaft ins Ohr:

… **Ich liebe dich sehr**,
willst du meine Frau werden?
Ich möchte dich heiraten und du sollst die Frau fürs Leben an meiner Seite sein.

Ja, das waren damals die Worte, die mich gefangen hielten.
Es war in diesem Augenblick der Himmel auf Erden.
Was Rene da zu mir sagte.
Und jetzt erinnerte ich mich wieder an die vier Kerzen, die da brannten.
Das war der Jahrestag unserer Liebe.
Ganz fest drückte ich meinen Rene in diesem Augenblick an mich.
Mit ein paar **Tränen**, die sich an unseren Wangen rieben.

Ich schwieg in diesem Augenblick, da ich mich erst von meinen negativen Gedanken lösen musste und flüsterte ihm ebenso einfühlsam ins Ohr:

… Ja, so soll es sein.

Das werden wir tun. Du wirst **mein** Mann und **ich** werde deine Frau.

In diesem Moment dachte ich, waren es noch meine Tränen, die da liefen.
Doch es waren spürbare Tränen von Rene über meine Worte.
Die ihn sehr berührten.
Worte, die uns gefangen hielten und wir zu einem Ganzen zusammenschmolzen.

* * *

Der glückliche Schock war überwunden und wir begannen noch in dieser Nacht mit vielen

Fantastereien und Plänen über unsere Zukunft zu reden.
Wie soll unser Eheleben aussehen und wo würden wir ein Zuhause haben?
Die Heirat kirchlich oder nicht kirchlich?
Wobei wir zwei verschiedenen Religionen angehörten.
Den Eltern, denen wir es mitteilen mussten und vieles mehr.
Was uns da so im Kopf herum ging.
Für so einen neuen und wichtigen Schritt ins Leben.

… So redete Rene ohne Ende, als wenn die Zeit in dieser Nacht für uns stehen geblieben wäre und der neue Tag mit dem ersten Morgenlicht erwachte.
Immer noch in Renes Stimme wie aus der Ferne, bis ich überglücklich in seinen Armen einschlief.

* * *

Diese Nacht war für uns sehr kurz und noch am Nachmittag dieses Tages holten wir Renes Eltern von ihrer Rückkehr am Airport ab.
Wo wir bei einem Kaffee im Bistro unsere Verlobung mit dem Heiratsversprechen während ihrer Anwesenheit verkündeten.
Die Eltern waren sehr glücklich darüber und boten uns ihre Unterstützung an.

… Ihr Haus sei groß genug und eine ganze Etage für das künftige Ehepaar frei.
Dass wir alle unter einem Dach zusammen leben können.
Renes Eltern waren eben so ganz anders als meine, aber wie nur konnte ich das alles meinen Eltern verständlich machen?
Rene einfach mitnehmen und sagen:

… Mama und Papa wir sind verheiratet.

Oder eine heimliche Heirat, ohne ein Wort darüber zu verlieren?
Doch alte Erinnerungen gegen Renes Ablehnung hinkten uns immer noch nach.
Dass er nicht der Richtige für mich wäre und Eltern, die sich lieber aus dem Weg gehen.
Wahrscheinlich würde alles wieder in einem **Desaster** enden.
Natürlich würden mich Renes Eltern fragen, ob die bevorstehende Heirat auch bei meinen Eltern angekommen ist und sie zu den Feierlichkeiten überhaupt kommen würden.

Viele offene Fragen, für die ich im Moment
noch keine Antwort hatte.
Nur etwas ahnte ich jetzt schon. Dass eine
große Blamage nicht ganz ausgeschlossen ist.
... Nun ja, so auch die Meinung von Rene.

... Wir werden schon sehen, was da so in
nächster Zeit passiert und sterben wird davon
keiner von uns.
Wir wollen den Bund fürs Leben schließen
und das mit dem Ja oder Nein deiner Eltern.
Es wird uns auch nicht glücklicher oder
unglücklicher machen.

* * *

Nun war in der nächsten Zeit viel vorzubereiten. Die ein oder anderen Behördengänge standen für die standesamtliche Trauung an.
Die Aufgebotsbestellung war natürlich öffentlich und machte in unserem ländlichen Dorfleben schnell die Runde.
Sodass wir unsere Vermählung im Tagesblatt nicht mehr anzukündigen brauchten.
Die Dorfgemeinschaft mit Klatsch und Tratsch war die Zeitung.
Für die meisten im Dorf waren wir sowieso zwei schwer Verliebte und ohnehin auch ohne Trauschein schon längst verheiratet.
Der Tag der standesamtlichen Trauung näherte sich und ich weiß noch, wie aufgeregt ich am Tag davor war.
Was auch Rene nicht verborgen blieb.

… Aber Püppchen.

So seine Worte.

Wir heiraten doch nur einmal und wenn du wirklich mal die Absicht haben solltest, ein zweites Mal zu heiraten, dann weißt du doch wie das geht und bist dann nicht mehr so aufgelöst.

… Ich würde dich ein zweites Mal mit dem **Ja-Wort** fürs Leben heiraten.

… Sehr schön.

Hatte er damals mit seinem schelmischen Lächeln und hochgezogenen Augenbrauen zu mir gesagt.
Dies verriet mir:
Er meint es ernst.

* * *

Nun war der Tag da, Freitag war es, aber nicht Freitag der dreizehnte.
Was so ein Aberglaube für Unglück sein soll.
Wir beide schick und seriös gekleidet.
Rene im dunklen Anzug mit Krawatte und ich im hellen Kostüm mit roter Schleife im Haar standen nun da mit unseren Trauzeugen.
Die wir aus unserer alten Motorradclique ausgewählt hatten.
Wir lauschten den Worten des Standesbeamten:

… Willst du diese Frau heiraten?
So antworte mit Ja.

… Willst du diesen Mann heiraten?
So antworte mit Ja.

Mit diesem Jawort fürs Leben war unsere Liebe besiegelt.
Die wir mit unserer ganzen Überzeugung kundtaten.

Wir waren Mann und Frau, für immer vereint.
So unsere schönen Gedanken darüber.

* * *

Die Feierlichkeiten fanden im Familienkreis und mit unseren Freunden aus der Clique an diesem Tag im Haus von Renes Eltern und mit bunt geschmückten Lampions statt.
Wobei ich ganz im Stillen immer noch auf den Besuch meiner Eltern hoffte.
Doch ihre Meinung dazu war nach wie vor:

Rene ist nicht der Richtige für mich.

Die Zeit verging und die Hochzeitsfeier ging bis in den späten Abend hinein.
Doch keiner von beiden kam.
Nur ein Blumenbote brachte ein kleines Gesteck mit einer Glückwunschkarte zur Vermählung.

... Egal, auch ohne meine Eltern war das für mich und Rene der schönste und hoffnungsvollste Tag, den wir lange herbeigesehnt hatten.
Wir wollten nichts anderes als ein liebendes und verheiratetes Ehepaar sein.

* * *

Renes Eltern waren uns in den Anfängen der Ehe sehr behilflich und stellten in ihrem großen Haus eine Wohnung zur Verfügung, die ich sehr bemüht war zu mobileren und mit vielen kleinen Details auszuschmücken.
Da Rene beim Militär verblieb, überließ er mir die Aufgabe.
Mit Renes Eltern war es immer ein harmonisches Zusammenleben.
Was mit keinem Zwang oder Unwohlsein verbunden war.
Es war einfach eine harmonische **Familienidylle**.

Rene kam jeden Tag, so gut es ihm möglich war, nach Hause und auch an den Wochenenden.

Wo wir viele Unternehmungen und Ausflüge
mit den Eltern machten.
Mit anderen Worten:
Es war einfach immer toll und nie langweilig.
Ich ging weiter meinem Beruf als Verkäuferin
in der nahegelegenen Stadt nach und freute
mich jeden Abend auf mein Zuhause mit Rene
und seinen Eltern.

… Denn da wartete jemand auf mich und das
machte mich sehr **glücklich**.
Ich hatte Liebe und ein **Heim** gefunden.

Ende

* * *

Kapitel 3

Hassliebe
„Die Andere"

Die Gefühlsfalle
hat zugeschnappt.

* * *

Und so vergingen die Jahre wie im Flug.
Unser Eheleben war in dieser Zeit sehr harmonisch und doch hatte der Alltag seinen Rhythmus gefunden.
Auch mit Renes Eltern ist immer ein gutes Auskommen gewesen.
So in diesen Gedanken vertieft erinnerte ich mich oft an die Jahre, die wir hinter uns gelassen hatten.
Es waren sehr schöne Jahre.
Und doch schlich sich so manchmal Wehmut bei **mir** ein.
Rene hatte sich irgendwie in dieser Zeit verändert.
Er war nicht mehr der, den ich noch aus alter Zeit in Erinnerung hatte.
Er war rau und auf seine Art nachlässiger geworden.

So auch nicht mehr der charmante und
liebevolle junge Mann, den ich einmal
kennengelernt hatte.
Gut sieben Jahre waren mittlerweile
vergangen und bei genauerer Betrachtung war
ich auch nicht mehr die, die ich mal war.
Doch waren die **Gefühle** zu Rene immer noch
groß, obwohl sich schon ein Hauch von
Alltagsroutine bei uns eingeschlichen hatte.

* * *

Die Zeit, die Jahre, die wir zusammen verbracht haben, hatten uns verändert.
Mit einem langsamen Ausschleichen von **Liebe und Gefühl**.
Wir hatten uns verändert.
Aus **Teenager** waren Erwachsene geworden.
Das war ein Werdegang in der Entwicklung, den wir damals nicht vorausahnen konnten und auch nicht **wissen** wollten.
So entfernten wir uns immer mehr und mehr voneinander und spürten beide diese **Kluft**, die sich zwischen uns auftat.
Kleinere alltägliche Spannungen im groben Wortwechsel und Streitereien aus nichtigen Anlässen verletzten und machten mich so manches Mal traurig und verzweifelt.

… **Was** und **warum** ist alles nur so anders geworden?
Diese Frage beschäftigte mich immer wieder aufs Neue.
Was ich Rene gegenüber nicht anmerken ließ und auch mit ihm nicht darüber sprechen wollte.
Meine Befürchtung war, kein **Verständnis** für meine verletzten Gefühle zu bekommen.
Denn seine grobe, herrschsüchtige Art beschwor Streit herauf und das wollte ich vermeiden.

Konnte es wirklich sein, dass ihn sein Beruf und die Ausbildungen beim Militär für Dienstgrade so verändert haben oder was war da mit ihm passiert?

… So begann ich in dieser Zeit, die Fehler bei mir zu suchen, die aber ins Nichts führten.
Immer mehr häuften sich die heimlichen Lügen, Ausflüchte und Entschuldigungen von Rene.
Die mir nicht verborgen blieben.
Das machte mir schon große Sorgen.
Mit dem, was da noch kommen könnte oder was kommt zum Schluss auf mich zu?

… Was, wenn die **Liebe** uns ganz entgleitet?
Wie groß wird der Schmerz und das Leid werden?

Viele solcher Gedanken gingen mir durch den Kopf, die ich nicht mehr in eine Ordnung bringen konnte und so blieb vorerst alles, wie es war.
Der kalte Ehealltag mit all seiner **Monotonie** hatte uns erobert und zum Ausharren verurteilt.
So nahmen die Entschuldigungen und Lügengeschichten für Renes nächtliches Heimkehren immer mehr zu.
Wobei ich nicht mehr sein Püppchen war, wie er mich in guten Zeiten noch nannte.

… Conny so hieß ich.
Ja, das war sein neuer **Jargon,** dem ich mich zu unterwerfen hatte.
Gepaart mit viel Alkohol, den er trank und das Wort **Liebe** war ein Fremdwort geworden.
In meiner Verzweiflung suchte ich Rat und etwas Halt bei Renes Eltern, die schon lange den Verdacht hegten, dass wir ein Eheproblem haben.

Seine Mutter hatte sehr viel Verständnis und **Mitgefühl** für meine Sorgen und sagte:

… Auch als Eltern ist uns eure gegenseitige Missachtung nicht verborgen geblieben.

Und sie sprach mir Hoffnung zu.

… Wir werden mal mit Rene reden.
Vielleicht ist doch wieder alles ins rechte Lot zu rücken.

* * *

Und so geschah es dann auch.
Renes Mutter brachte das Thema Ehe und Probleme einen Abend beim gemeinsamen Abendessen auf den Tisch.
Nun, ich wusste schon, was da auf meinen Rene zukommen sollte und war von Mutter instruiert.
Nur Rene stand diese Überraschung mit dem Sprung ins kalte Wasser noch bevor.

… So fielen die ersten Worte über unsere Ehe und Probleme.

Warum und wieso?
Was ist passiert?

Und letztlich:

… **Mein Junge,**
so kann das mit euch nicht weitergehen.
Wir machen uns große Sorgen über eure Zukunft.
Wenn eine **Liebe,** die einmal so groß war, traurig endet.

So der eindringliche Appell von Mutter und Vater.
Mit dem Rene überrascht wurde und er ohne eine Regung hinnahm.

… Nun blickten wir alle zu Rene hinüber, der mit hochrotem Kopf vergaß, weiter zu essen. Der Schreck über diese Kopfwäsche saß ihm wohl sehr tief und sagen darauf konnte oder wollte er auch nichts.
Und so blieb er weiter stumm, stocherte auf seinem Teller herum.
Wobei ihm wohl der Appetit gründlich vergangen war.

… Nun ja,
eine alte Weisheit besagt:

Wenn man nichts sagt,
dann hat man auch etwas gesagt.

Eben allem aus dem Weg zu gehen und wie eine Schnecke sich in ihr Schneckenhaus zurückziehen.

… Als Berufssoldat beim Militär müsstest du doch eigentlich stramm deinen Mann stehen.

So beiläufig waren Vaters Worte mit Blick zu Rene hinüber.
So schnell wie dieser Satz bei Rene ankam, war dann auch das Abendessen beendet.
Und Rene schlich sich wie ein begossener Pudel rauf in unsere Wohnung.

… Ich blieb noch eine Weile mit Mutter und Vater am Tisch und wir mutmaßten über sein sonderbares Verhalten,
das nichtssagend einzuschätzen war.
So fielen beiläufig die Worte:

… Ob er wohl eine andere **Liebschaft** hat oder Probleme beim Militär oder sonst irgendetwas, was er uns verheimlichen will?

… Zwei Worte,
die mir von nun an gar nicht mehr aus dem Kopf wollten.

… **Andere Liebschaft**
Und mir wie ein rotes Tuch im Stierkampf vor den Augen flatterte.
Andere Leidenschaft, alles nur das nicht.
Spätestens jetzt kamen Impulse mit allen möglichen Hassgedanken in mir hoch.
Eine Andere oder **die Andere.**
Dieser Gedanke war nun bei mir geboren und wanderte mir von nun an im Kopf herum.
Die Spannungen und Streitereien nahmen immer mehr zu.
Vor allem durch den eindringlichen Appell der Eltern, wozu er sich nie geäußert hatte.
Womöglich in der Überlegung:

Schweigen ist Gold.

Und nur kein Öl ins Feuer gießen.

Doch wie ich schon sagte, keine Antwort ist auch eine Antwort.
Man sagt auch dann genug.

* * *

Verletzt in meinen Gefühlen, wie ich schon lange war, gesellten sich Hassgedanken und Eifersucht hinzu.
Ich wollte und wollte nicht wahrhaben, dass Rene eine andere hat und spann mein Herz vor Sorgen weiter und weiter.
Was ist, wenn sich das alles bewahrheitet mit der Trennung, Scheidung, Wohnung, Eltern Haus und Hof, der Tratsch und Klatsch im Dorf und vieles mehr.
Diese Gedanken beschäftigten mich fortan.
Wie sieht die Zukunft aus oder war das alles nur eine große **Lebenslüge**?
Mit einem Traum, der letztlich für immer ausgeträumt war.
Ein Gemisch aus Gefühlen mit Traurigkeit, Hass, Eifersucht und Aggressivität schlich sich bei mir ein.
Was ich von mir gar nicht kannte.
Um etwas festzuhalten, was schon längst verloren schien.

… So hätte ich doch alles getan, um unsere **Liebe** zu retten.

* * *

Aus diesem großen Kummer heraus suchte ich etwas Halt bei Freundinnen aus unserer alten **Clique**.
Die auch mit schlechten Trennungsgefühlen so ihre Erfahrungen gemacht hatten und wie sie sagten:

… Eifersucht und Liebeskummer, das kann ganz schön runterziehen.

Rene hingegen machte das weniger aus.
Er kam mit unserem Trennungserleben besser zurecht.
Mit Vergnügungen, die sich ihm gerade so anboten und von Kummer und Leid keine Spur.
Dass unsere **Liebe** auseinanderdriftet.

* * *

Meine Eifersucht war groß und ich wollte letzte Gewissheit, bevor ich Rene zur Rede stellte.

… Eine Andere oder keine Andere?

… Eine Scheidung oder keine Scheidung?

Oder was ist unser Eheproblem im Zusammenleben?
Und letztlich:
Rene, was ist **dein Problem**?

… Und so begann ich, ihm nachzuspionieren.
Zwar lebten wir noch zusammen, aber er ging seine eigenen Wege.
Nach all dieser Ungewissheit hatten sich meine Gedanken im Kopf wie versteinert festgesetzt.

… Der hat eine Andere und ist bei **ihr**.

… Wer ist die Andere und wo wohnt die Andere.

… Vielleicht sogar jemand, die ich aus meinem Umfeld kenne oder gar aus unserer alten **Clique**?

… Und tatsächlich fand ich, dem Täter auf der Spur, heraus, wer sie war und wo **sie** wohnte.

… Sie wohnte allein und Rene war oft bei ihr. Sein Auto versteckte er in ihrer Garage, das ich durch Zufall sah, als er wohl vergessen hatte, das Garagentor zu schließen.

… Meine Eifersucht war groß.
So groß wie meine **Liebe** zu Rene einst einmal war.
Und doch mit einer inneren Zerrissenheit.
Ja ich würde sagen, meine **Liebe** hat sich umgekehrt in eine **Hassliebe**.
Die von mir Besitz ergriffen hatte.

… Hassliebe, die von nun an mein Denken beherrschte und sich in ein unkontrollierbares Verhalten verlief.
So trieb mich meine Eifersucht manchen Abend in die Nähe ihres Hauses,
wo ich versteckt durch ein Fenster die Umarmungen und Küsse mit Rene beobachten konnte.
Wenn die Jalousie in ihrem Schlafzimmer herunterging, hatte ich die endgültige Gewissheit.

… Mein Rene war nicht mehr mein Rene.
Die **Andere** hatte schon lange meinen Platz eingenommen.

* * *

Viele hässliche **Szenen** folgten, als ich Rene in Streitgesprächen mit meinen Vorhaltungen konfrontierte, die er mit Lügengebilden abtat.

… In diesen Dingen war Rene eben ein großer Feigling, seinen Mann zu stehen.
Beim **Militär** allerdings wird das wohl anders zugegangen sein.

… Und so ging die **Liebe** und so ging auch **ich.**

Die gemeinsame Wohnung wurde aufgelöst und Renes Eltern waren sehr traurig über unser Zerwürfnis.
Die Scheidungsanwälte und Gerichte erledigten den Rest.
So wie wir einst unser Jawort fürs Leben gegeben haben, so wurde jetzt entschieden.
Mit den letzten Worten des Richters:

… **Die Ehe ist geschieden**.

Rene trennte sich von seinem Elternhaus und zog in eine andere Stadt.

… Ich versöhnte mich mit meinen Eltern und zog ins Elternhaus zurück.
Doch musste ich mir so manche Standpauken anhören.
Wie recht sie doch damals hatten und dass ihre Abneigung gegen Rene sich als richtig herausgestellt hat.
Es war ihr Mutterinstinkt zum Schutz ihrer Tochter. So sehe ich das heute.
Nur die Liebe und die starken Gefühle zu Rene ließen mich damals die rosarote Brille aufsetzen.
Sehr dankbar war ich damals meinen Eltern, dass ich zu ihnen zurückkehren konnte.
Der Dorftratsch und -klatsch hatte sich beruhigt.
Doch allein blieb ich zurück.

Ende

* * *

Kapitel 4

Erinnerungen der Liebe

Wenn die Liebe geht.
Zurück bleibt ein zerbrochenes Herz.

* * *

Nun war ich zurück, von da, wo ich hergekommen war und mein Teenagerzimmer war immer noch so, als wäre ich nie fort gewesen.

… Da stand noch der alte Plattenspieler, den ich von meinen Eltern in der Kinderzeit übernommen hatte.
Mit den in die Jahre gekommenen Schallplatten aus der Kennenlernzeit mit Rene.
Und die alten Kinoposter mit den Filmklassikern an der Wand,
die ich mir mit Rene im Kino angesehen habe.
Es waren keine Abenteuer-, auch keine Action-Filme.
Nein.
Es waren herzergreifende Klassiker.

Die uns in ihren Bann zogen.
Rene hielt dabei meine Hand und wir fühlten uns glücklich.
Denn wir fühlten mit, was da auf der Leinwand geschah.

... Und da auf dem Nachtschränkchen neben dem Bett stand immer noch Renes Bild, das Mutter beim Staubwischen nicht verstellt oder in eine Schublade gelegt hatte.
Denn irgendwie achtete sie meine Erinnerungen.
Und dort der große Sessel am Fenster zum Garten.
Wo ich immer gerne gesessen habe, wenn es draußen regnete und die Regentropfen wie Glasperlen am Fenster herunterliefen, wenn ich damals in Träumen an Rene dachte.

... So saß ich jetzt wieder auf diesem Platz und war oft der Versuchung nahe, Rene wieder einmal zu treffen oder ihn zu hören.
Was alles anders geworden ist.

... Und ob er sich mit der Neuen immer noch so gut versteht.
Eben irgendwas herauszuhören, was ihn doch wehmütig machte.
Dieser Versuchung war ich oft sehr nah.
Es aber letztlich nicht sein sollte.
Der Mut dazu hatte mich verlassen.

… Doch gingen die Fantasien in meinem Kopfkino so weit,
dass ich mir vorstellte, Rene eines Tages durch einen Zufall wieder zu begegnen und wir uns noch einmal aufs Neue verliebten.
Mit all den schönen Erinnerungen, die wir ja schon aus unserer alten Liebe kannten.
Denn manchmal stellt das Leben Weichen für solche Begegnungen.
Wo Liebe und Gefühle einen zweiten Anfang finden.

… So gingen mir viele fantastische Bilder durch den Kopf
und manchmal auch in meinen Träumen,
die nicht aufhören wollten.
Doch die Wirklichkeit holte mich schnell wieder ein,
als Mutter an die Tür klopfte und mein Zimmer betrat.
Mit den Worten:

… Du siehst, ich habe alles so gelassen, wie du es verlassen hast.
Vielleicht kehrst du ja doch eines Tages wieder zurück.

… Mutter meinte diese Worte nicht schlecht.
Es war damals ihr tiefes Gefühl von Sorge,
mich an falsche Hände zu verlieren.

… Ich stellte das Bild von Rene zu den Schallplatten ins Regal. Da passte es besser hin, als wenn ich vor dem Schlafengehen und nach dem Aufstehen an meine verflossene Liebe erinnert werde.

* * *

… Schön war das Bild von Rene immer noch anzusehen.
Mit seinem schelmischen Lächeln, als wenn er mir sagen wollte:

… Leg doch die Schallplatten auf und träum weiter in unseren Erinnerungen.
Schon etwas abgenutzt und verstaubt im Laufe der Jahre,
aber ich wollte sie hören.
Die Erinnerungen der Liebe.

… Was klebte denn da in der Mitte der Platte für ein Zettel?
Etwas vergilbt, aber die Schrift war noch zu lesen.
Es war eine alte Notiz von Rene.
Den er mir bei unserem ersten Spaziergang auf dem Nachhauseweg heimlich in meine Jackentasche steckte und mir
später mit dem Schlüsselbund beim Aufschließen der Haustür in die Hände fiel.
Wie verliebt er mir doch damals geschrieben hatte.

… Püppchen, nicht vergessen, morgen um die gleiche Zeit.
Ich bin sehr verliebt.

… Und darunter ein Herz mit einem Pfeil.
Wie herzergreifend er mir doch diese Worte geschrieben hatte.
Die mich sehr berührten.
Irgendwie war Rene ein kleiner Romantiker oder sollte ich besser sagen ein verspielter großer Junge der noch gar nicht recht wusste, wo er hingehört und in einer Welt lebte, in der er gern die Realität übersah.

… **Aber ich liebte ihn.**

* * *

Und so legte ich einige unserer Lieblingsplatten auf.
Es war keine moderne Musik wie in den Diskotheken.
Es war romantische Musik, die Gefühle weckten für Erinnerungen an **eine große Liebe**.

… Etwas abgenutzt und angekratzt.
Beim Abspielen versank ich in Wehmut und blickte dabei auf die drehende Schallplatte.
Die wie eine Hypnosespirale auf mich wirkte.

Nun lebten die alten Zeiten wieder auf und ich versank dabei immer tiefer in die Erinnerungen der Liebe.

... Wie es wohl Rene in diesem Augenblick ergehen mag?
Wenn er sich an uns zurückerinnert.
Vielleicht auch mit Wehmut oder verlief bei ihm alles im Sande?

... Denn er hatte ja eine **Neue,** der er seine Liebe schenkte.

* * *

... So träumte ich weiter.
War ich doch damals eine schüchterne Jugendliche im Teenageralter, die jeden Abend die Geselligkeit in der Jugendclique suchte und ich Mutters Skepsis noch gut in
Erinnerung habe.
Mit den Anspielungen:

... Der Freund oder dein Freund solle sich doch mal bei uns blicken lassen.

... Ja, **mein Freund**.
Das war damals Rene.
Der mir so gut aus unserer Clique gefiel, den ich mir ausgesucht hatte und der wie ein Magnet auf mich wirkte.

Und so war jeden Abend die Freude groß, ihn zu sehen, meinen **Rene**.
Wir hatten damals unsere Liebe noch nicht erkannt und Rene war einfach nur der nette höfliche Kumpel.
Und vielleicht auch etwas verliebt in **mich**.
Aber so insgeheim gingen mir damals schon viele verliebte Gedanken durch den Kopf.
Die meine Gefühle weckten.

… So kamen wir uns im Laufe der Zeit immer näher.
Durch die Musik, die uns aus der Clique verband.
Denn einer von ihnen hatte immer ein altes Tonbandgerät mit Schnulzen und Schmusemusik laufen.
Die rauf und runter leierten und uns so gut im Gedächtnis blieben.
Dann der erste Spaziergang im Park,
das erste Händchenhalten,
die ersten zaghaften Berührungen und dann der **erste Kuss**. Als würde mein Herz in diesem Augenblick stehen bleiben,
mit einem Schauer, der meinen ganzen Körper durchzog.
Gänsehaut wäre der bessere Ausdruck dafür.

… Ein Kuss von Rene.

Meinem Rene, bei dem ich langsam die Augen schloss
und ich mich in einer anderen Welt fühlte.
Rene spürte mein Verlangen,
mit meinen Händen, die seine Schultern umarmten und nicht loslassen wollten.
So war es doch ein sehr langer und leidenschaftlicher erster Kuss, dem viele folgten.

… Wie mächtig in so einem Moment die Gefühle sein können.
Das spürte ich immer dann, wenn ich allein war.
Mit Wehmut und Verlangen, die mich eingefangen hatten.
Und nicht mehr losließen.

… Ja, das war der **erste Kuss,**
die ersten Küsse, bei denen ich dahinschmolz.
Mit dem Drang nach mehr.
Als sollte es nie enden.
Nichts sollte uns mehr trennen.
So waren damals die Gefühle für Rene.
Oft verlor ich mich in den Gedanken, ob Rene auch so einen Gefühlstaumel,
so einen Gefühlsrausch, empfindet.

* * *

… Eine andere Schallplatte, die ich aus dem Regal zog, verband eine ganz besondere **Memoire** und so schwelgte ich weiter in den Erinnerungen der Liebe.

… Das erste Mal.
Rene hatte mich nie zum Sex gedrängt, er hatte einfach nur lange gewartet.
Doch ich hatte ein starkes Verlangen danach ihn zu spüren, seine Haut, seinen Atem, seine Küsse
in mir aufzunehmen.
Und so sollte es geschehen.
Eine lange Nacht in meinem Teenagerzimmer.
Bis zum Morgengrauen verband uns in einem Rausch von Gefühlen, als wenn sie **nie** enden sollten.

… Gefühlsregungen, die ihre eigene Sprache auch ohne Worte haben.

… Sehr aufgeregt war ich damals schon.
Werde ich danach noch die Gleiche sein?
Doch der Sekt und der Wein machten uns freier dafür.
Alle Hemmungen wichen dahin, mit einem Liebestaumel, der uns eingefangen hatte.

* * *

So träumte ich weiter in den Erinnerungen der
Liebe mit jeder Schallplatte, die ich auflegte.

… Wir waren ein sehr beneidenswertes junges
Liebespaar
und es war immer toll mit Rene auf dem
Motorrad.
Wie in einem Rausch durch die Kurven zu
fegen.
Meine Umklammerungen waren keine
Angstumklammerungen,
die nach Halt oder Sicherheit suchten.
Nein, es waren Umklammerungen, die zwei
zu einem verbanden.
Auch das Tanzen mit Rene.

… Oh, was war ich da immer glücklich, wenn
unsere Musik lief und ich ihm ganz nahe war,
mit seinem Parfüm, das ich noch lange danach
auf meiner Haut spürte.
Und wir uns erst am nächsten Tag
wiedersehen konnten.

* * *

… Etwas traurig bei diesen Erinnerungen zog ich das Bild von Rene wieder aus dem Plattenregal und schaute ihn lange an.
Wie gut ich ihn doch noch in Erinnerung hatte, mit seinem Lächeln, seinen Augenbrauen, seinen Lippen, die mich so viele Male küssten, als wollte er mir in diesem Moment sagen:

… Püppchen, ich liebe dich.

Die alte Platte fing in diesem Moment mit einem Überspringer an zu haken und holte mich aus meiner Träumerei heraus.

… Doch ich wollte noch weiter in meinen Erinnerungen verzaubert bleiben.
Es sollte noch nicht zu Ende sein.
Und so drehte sich der Plattenteller mit einer neuen Schallplatte,
auf die ich unentwegt starrte.
Weiter und weiter, wie auf einer Hypnosespirale in den Erinnerungen.

… Der freundliche Empfang bei Renes Eltern beim ersten Besuch.
Mit meinen Ängsten, die mich überfielen.
Würde ich bei ihnen auch ankommen?
Würden sie mich mögen und würden sie mir ihren Rene anvertrauen?

… Augenblicke, die mich heute noch bewegen, doch sie nahmen
mich an, wie ich war.

* * *

… Weiter ging meine Zeitreise in **Memoire** auf dem Plattenteller.
Ratlos standen wir da, von meinen Eltern abgelehnt und missachtet zu werden.
Aber das machte uns nichts aus,
denn unsere Liebe würde siegen und das tat sie auch.
Das Band der Liebe war dadurch nicht zerrissen.
Unsere Gefühle hatten gesiegt und nichts sollte uns mehr trennen.
Auch keine Eltern.

… Liebevoll nannte mich Rene immer Püppchen, als er eines Abends zu mir sagte:

… Ich gehe fort von hier, weit weg von hier.

Berufssoldat, das waren seine Worte, die mich damals sehr traurig machten und ich noch heute weiß, wie er sagte:

... Ich werde wiederkommen und dann soll alles schöner denn je werden.

... Wir spürten beide bei diesen Worten, ja so wird es sein.
Der Tag seiner Einberufung mit dem Abschied am Bahnhof, drei
Stationen, die uns noch blieben.
Bis der Zug mit meinem Rene in der Abenddämmerung
verschwand.

... Nun war ich allein und die Zeit ohne Rene erschien mir endlos lang bis zum Tag seiner Rückkehr.
... 30 Minuten, Püppchen, und gleich bin ich bei dir, komm nicht zu spät.
Die Zeit ohne dich war schon lang genug.

... Oh, ich weiß noch, wie Rene am Bahnhof stand, in Militäruniform, mit Blumen in der Hand und ich zu ihm
in seine Arme lief.
Seine große
Schirmmütze, die er mir aufsetzte und wir uns im Beifall der aussteigenden Fahrgäste küssten und küssten.

… Sie alle haben in diesem Augenblick mitempfunden,
was da drinnen in uns vorging.

… **Liebesgefühle**
Ein Soldatenpaar nach einer langen Trennung.
Dieses war eines der schönsten Liebeserinnerungen,
die da mein alter Plattenspieler enthüllte.

* * *

… Und weiter drehte sich der Plattenteller, auf den ich unentwegt blickte.
Mit Musik, die mich immer tiefer in die Erinnerungen der
Liebe versinken ließ.
Mit Ausflügen und Übernachtungen in kleinen Pensionen oder Hotels, wo wir uns als **Ehepaar** auf Hochzeitsreise begaben.
Was immer sehr abenteuerlich war, wenn wir uns als Mann und Frau in die Anmeldung an der Rezeption eingetragen haben.
Und dem frisch getrauten Ehepaar ein angenehmer Aufenthalt und eine gute Nacht gewünscht wurde.

… Nur manchmal kam doch ein etwas skeptischer Blick vom Portier herüber.
Wir hatten kein Gepäck dabei und die Eheringe fehlten auch.

Wobei ich immer lächelnd Rene anschaute mit den Worten:

… Das Gepäck holen wir später rein.

Ich glaube, der Portier an der Rezeption hat uns kein Wort geglaubt.
Danach war die große Frage umso spannender.

… **Schwanger oder nicht schwanger**?
Doch wer weiß schon, was der Morgen bringt.

* * *

… Und da stand sie, die letzte verstaubte Schallplatte im Regal, mit Renes Bild daneben.
Noch eine Schallplattenlänge in Träumereien versunken bleiben.
Dann sollten die Erinnerungen der Liebe zu Ende sein.

… Unsere heimlich gelebte **Ehe** während eines Urlaubes im Haus der Eltern von Rene.
Eine Überraschung, die sich Rene für diesen Abend ausgedacht hatte
und ganz stolz unsere Verlobung auf dem Lampionfest verkündete.
Ganz gerührt war ich damals über die vielen Glückwünsche, dass unser Heiratsversprechen nicht lange auf sich warten ließ.

Als Rene mir mit seinem romantischen Heiratsantrag in der letzten Nacht nach der Gartenparty wie mit einem Hauch von Magie ins Ohr flüsterte.
So als wenn in diesem Augenblick die Zeit für uns stehen geblieben war.

... Und dann die **Jaworte** bei der Trauung.

... Willst du diese Frau heiraten, dann antworte mit „Ja".

... Willst du diesen Mann heiraten, dann antworte mit „Ja".

* * *

... All diese gefühlvollen Augenblicke zogen mit dem Blick auf Renes Bild in **Revue** an mir vorbei.
Die Musik vom Plattenteller lief wie in einem alten Hollywoodfilm in **Memoire** langsam aus und ich war zurück
in meinem Teenagerzimmer.
Erinnerungen, die ich **nie** vergessen werde und Rene immer einen Platz in meinen Gedanken behalten wird.

... Es fing an zu regnen und lange saß ich noch am Fenster und schaute auf unseren Garten.

Es war kein bunt geschmückter und farbenfroher Lampiongarten wie noch eben in meinen Träumen.
Er war grau und kalt anzusehen, genauso wie meine Seele.
Die letzte Schallplatte spielte aus und ich war zurück aus meinen Erinnerungen der Liebe.

Ende

* * *

Kapitel 5

Gefangen
im destruktiven
Labyrinth.

Ein Irrgarten ohne Ausgang.

* * *

Wie ich schon sagte,
nun war ich wieder zuhause bei den
Eltern in meinem Teenagerzimmer.
Nur, ich war schon lange kein Teenager mehr
und ging weiter meiner Arbeit als Verkäuferin
in der benachbarten Stadt nach.
Doch ich tat es **ungern**.
Ein Wort, das ich so eigentlich gar nicht
kannte, aber nach der Trennung von Rene sich
wie ein grauer Schleier über mich legte.

... **Ungern**.
Das war von nun an das Wort, das wie ein
Monster über mir
schwebte.

... **Ungern** zur Arbeit gehen.

… **Ungern** im Haus der Eltern behilflich zu sein.

… **Ungern** Kontakt zu alten Freundinnen.

… **Ungern** ans Telefon zu gehen.

… **Ungern** die Freizeit, mit der ich gar nichts mehr anzufangen wusste.

Und letztlich alles, was ich tat:

… **Tat ich nur noch ungern**.

Ich verspürte eine innere Leere eine Antriebslosigkeit in mir,
die mich lähmte und ich nicht ausfüllen konnte.
Egal, wie ich mich auch bemühte, ich blieb leergefegt.
Irgendwas stellte sich gegen mich und ich konnte mit mir nichts mehr anfangen.

… **Unglück** und innere Leere hatten den Platz in mir eingenommen, die von nun an mein Denken und Handeln bestimmten.

… Der **Liebeskummer** mit all seinen negativen Energien hatte mich eingefangen.
Ich könnte das auch so ausdrücken.

Ein schwarzer Fleck auf meiner Seele mit alten Liebesgefühlen,
die noch tief in meinem Unterbewusstsein verweilten.
Mich an Erinnerungen binden und gefangen hielten.
Vergangenes was keine Berechtigung mehr hatte, in **mir** zu
weilen und jedes Gefühl von Freiheit verwehrte.
Ein Käfig, den ich mir selbst gebaut hatte oder besser gesagt ein geistiges Gefängnis ohne Gitterstäbe, in dem ich zum Ausharren verurteilt war.
Oft stellte ich mir diese Frage:

… Habe ich mich selbst dazu verurteilt?
Mit dem Grauschleier, der sich da über mich gelegt hat.
So tat ich doch alles, um diesem zu entrinnen.

Doch dieser negativen Energie aus der Tiefe meiner Gefühlswelt
war ich hilflos ausgesetzt.
Ohne **Chance,** dieser destruktiven Kraft, die mich
beherrschte, zu entkommen.
Gedanken, die mich mit Kummer und Verzweiflung

selbstzerstörerisch in ein Labyrinth hinein zogen
und Türen für einen Ausgang aus dieser Gefühlsfalle verschlossen blieben.

* * *

Nun saß ich in diesem geistigen Gefängnis. Die Trennung von Rene lag noch gar nicht lange zurück und der
Grübelzwang mit all seiner negativen Energie wurde immer größer mit der Frage:

… **nach dem Warum und Wieso**?
Dass alles so kommen konnte.
Schuldgefühle und Wertlosigkeit gesellten sich zu dem ohnehin schon schmerzlichen Liebeskummer.
Auch den Eltern blieb mein Kummer nicht verborgen und sie waren doch sehr bemüht, mich aus diesem wehleidigen Erinnerungskarussell wenigstens ein Stück herauszuholen.

… So sprachen wir über mein Kummerproblem, aber auch über die schönen Erinnerungen mit Rene, die sich nun umgekehrt haben.

… Wenn die Liebe geht.
Schließlich wusste auch meine Mutter keinen Rat mehr und die alte Weisheit, die Zeit heilt

alle Wunden, gemeint war mein Liebeskummer,
half mir im Moment auch nicht weiter, so gut wie sie es auch meinte.
Ich glaube, Mutter konnte sich gar nicht in mein Gefühlschaos hineinversetzen oder es verstehen.
… Das nachzuempfinden kann nur jemand, der schon mal davon betroffen war und ihre eindringlichen Ratschläge mit dem:

Du musst das so machen,
oder: Mach das doch anders,
damit du Rene vergessen kannst.

Das war zwar alles richtig und sicherlich auch hilfreich gemeint, aber ich blieb trotzdem auf meinem Kummer sitzen und lebte in meiner Fantasiewelt das Leben mit Rene weiter.

* * *

Und so verweilte ich mit dieser negativen Gepäcklast,
die ich da täglich mit mir herumschleppte
und schwer wog wie ein großer Sack Kartoffeln auf dem Rücken.
Tag für Tag, Monat für Monat, und Jahr für Jahr,
wobei die Nächte ganz besonders mit Grübelzwängen, Unruhe und Träumen auf mich einwirkten.

... Nach so mancher schlaflosen Nacht glich der neue Tag einem Martyrium.
Was sich natürlich auf die Arbeit, Arbeitskollegen und überhaupt auf alles um mich herum mit Lustlosigkeit, depressiven Verstimmungen, Launenhaftigkeit, Unkonzentriertheit, Kopfschmerz, Energielosigkeit und Aggressivität auswirkte.

... Ein Verhalten, das ich so gar nicht kannte und das mir aus der Kontrolle glitt.
Was natürlich auf Unverständnis in meinem Umfeld stieß.

Meine Eheprobleme mit Scheidung waren nicht verheimlicht geblieben und für viele war mein Liebeskummer
nicht verständlich.
... **Ende** ist eben Ende.
Aus und vorbei.
So oder ähnlich waren manche beiläufigen Bemerkungen.
Mein Leben war nun mal in dieser destruktiven Abwärtsspirale zu einem Scherbenhaufen zerbrochen.
Nur, wie sollte ich das erklären und mich womöglich noch für meinen Liebeskummer rechtfertigen oder gar entschuldigen.

... So schwieg ich und versuchte, das letzte bisschen Selbstwertgefühl, das sich da noch in mir versteckt hielt, so gut es ging aufrecht zu halten, um hämischen Fragereien und Blöße von vornherein aus dem Weg zu gehen.
Und doch drangen so manche Äußerungen zu mir durch.

... Wie:
Die hat ja selbst schuld, wenn sie so einen wie Rene an sich heranlässt.
Das geschieht ihr ganz recht.
Das hat sie nun davon.

So oder ähnlich die Schadenfreude.

* * *

In dieser Abwärtsspirale hatte ich einen **Begleiter** gefunden.

… **Alkohol** als Seelentröster und doch in einem Maß, welches das übliche überschritt.

… Ja, ich würde sagen, was mich benebelte für ein Gefühl von Gleichgültigkeit, um vergessen zu können.
Die alte Last irgendwie loszuwerden.

… **Alkohol** für Kummer und Selbstmitleid war nun mein ständiger Begleiter, um die Erinnerungen an Rene ertragen und mich von diesen quälenden Gedanken befreien zu können.

… Doch ich unterlag einem großen Trugschluss.
Mein ständiger und treuer Begleiter verschlimmerte die Kummer- und Grübelgedanken.

Wenn sich die Berauschung wieder ausgeschlichen hatte oder wie mal jemand ein Lied daraus machte:

... Guten Morgen, liebe Sorgen, seid ihr auch schon wieder da,
habt ihr auch so gut geschlafen,
na dann ist ja alles klar.

... Ohne Zweifel war die Zeit mit Rene schön, aber auch ich brauchte jetzt eine Lösung für dieses Trennungsgeschehen.
Denn krank genug vom Liebeskummer war ich schon lange und ein Ende war nicht in Sicht.
So schaukelten sich meine destruktiven Energien immer weiter hoch,
dass ich den starken Verdacht hatte, in Depressivität oder gar schon bei starken Depressionen angekommen zu sein.

Denn all meine **Symptome** deuteten schon lange darauf hin.
Wobei die Trennung von Rene die Ursache dafür war.
Depressionen.
Dieser Begriff war mir zur damaligen Zeit zwar bekannt und ich habe auch oft darüber gescherzt.
Aber es nie für möglich gehalten, dass es mich einmal so eiskalt damit erwischt.

* * *

So saß ich manchmal stundenlang
teilnahmslos am Fenster in meinem Zimmer
und schaute auf den Garten.

… Ich wollte keine Schallplatten mehr hören.
Doch legte ich sie immer wieder in der
gleichen Reihenfolge auf und versank dabei in
tiefe **Wehmut**.
Sodass Mutter, wenn sie lange Zeit Musik aus
meinem Zimmer hörte, schon ahnte, was da in
mir vorging und sie holte mich mit
mutmachenden Worten aus meinem
Gedankenkarussell wieder heraus.

… Tochter, wie nur soll das denn bloß
weitergehen mit dir?
Du vernachlässigst deine Arbeitsstelle, trinkst
zu viel Alkohol, gehst nicht mehr ans Telefon,
wenn dich Freundinnen oder alte Bekannte
sprechen wollen und in deiner freien Zeit sitzt
du nur im Zimmer am Fenster und schaust auf
unseren Garten.

Es sind nun schon vier Jahre nach der Trennung von Rene vergangen.
Hier bei uns geht es dir doch gut.
Brauchst dich um nichts zu kümmern und auch Vater macht sich mittlerweile große Sorgen.

… Ich weiß, dass mein Reden und die gutgemeinten Ratschläge von Vater, du musst das doch vergessen können und such dir doch einen neuen Rene, so nicht hilfreich sind.

… Doch wie ich gelesen habe, gibt es für solche Art Kummer, die du als Liebeskummer empfindest
psychologische Hilfe oder hypnotische Gesprächsführungen für gesunde Ratsuchende, die sich mit solchen Problemen auskennen.

… Deswegen bist du nicht psychisch oder gar geisteskrank. Nur der Leidensdruck durch die Trennung von Rene, der auf dir lastet, ist groß und zieht sich wie ein Schatten durch die vergangenen Jahre.

… Weiter habe ich erfahren können, dass hypnotische Gesprächsführungen für eine neue Lebensrichtung oder wie geschrieben stand, eine neue **Weichenstellung** fürs Leben sein können.

Ein geprägter Liebeskummer ist gut behandelbar und es wird ausführlich geklärt, dass es die Gedanken sind.
Das negative Denken, die Denkmuster, die sich über lange Zeit ausgebildet haben, ziehen herunter und nagen an dem Selbstwertgefühl.

... Du bist eine attraktive und gutaussehende junge Frau.
Meinst du nicht auch, dass es irgendwo da draußen noch einen anderen Rene gibt?
Der dir auf seine Art auch gefallen oder noch besser gefallen könnte?

... In meiner Zeit als Teenager da war noch alles anderes und der Begriff Depression war noch unbekannt.
Der hat sich erst viel später zu einer Art moderner Volkskrankheit entwickelt.
Diese Art Zerwürfnis mit Selbstschädigungen, wie sie in dem heutigen modernen Leben ausufern, kannten wir damals so nicht.
... Traurigkeit, ja bei einer Trennung, aber die große Gefühlsrevolution war uns doch eher fremd.
Man hat sich kennen und lieben gelernt,
es wurde geheiratet und man hat sich so gut es ging an die Worte
bei der Trauung gehalten.

... **Bis dass der Tod uns scheidet**.

Natürlich war das so nicht immer möglich, aber es wurde doch schon mehr darauf geachtet, nicht wegen Kleinigkeiten gleich alles hinzuschmeißen.
Und aus all diesen Gegebenheiten, Tochter, bist du zur Welt gekommen.
Und sitzt nun hier mit deinem Liebeskummer.

… Das waren damals die eindringlichen Worte von **Mutter**.
Die mich doch sehr bewegt und zum Nachdenken gebracht haben.

* * *

Und so verging ein weiteres Jahr in meiner Leidenszeit.
Das sich ins Nichts verlor mit all seinen negativen Energien, die sich gegen mich stellten.
Da gibt es kein logisches Denken oder eine Wirklichkeit.
Denn alles waren mit meinen Trinkgewohnheiten als Seelentröster verschwommene Wahrnehmungen.
Ich lebte sozusagen in einer anderen Welt.
Einer **Parallelwelt**.
Einem geistigen Gefängnis.
Ein Käfig, den ich mir selbst gebaut hatte und überall, wo immer ich auch hinging, mit mir herumschleppte.

Mit Grübelzwang und selbstzerstörerischen Gedanken, die nun ihren Platz in mir beanspruchten.
So war ich mit diesen Gedankenimpulsen schon oft nahe, denn Sinn und Zweck meines Daseins infrage zu stellen und wie ich schon sagte, alles, was ich einmal gern tat, tat ich irgendwann gar nicht mehr und letztlich saß ich tief mit Wehmut in einem Netz aus düsteren Gedanken die meiste Zeit in meinem Zimmer am Fenster.

… Nur wusste ich damals noch nicht, dass es für diese Art Kummer einen Begriff gibt, der mich in so ein Zerwürfnis hineinzieht.
Depressionen, die mit depressiven Tagesverstimmungen anfangen und sich chronifizieren bis in verschiedene Schweregrade.
Deren Ursache bei mir die Verlusterfahrung von Liebesgefühl und Rene war.
Und jeden einmal ereilen kann.
Der Unterschied dabei ist nur, wie empfindsam und sensitiv jeder in seinem Gefühlserleben für Liebeskummer ist.

* * *

Die Erinnerungen an meine Liebe waren sehr schön.
Doch haben sie sich für mich ins Negative umgekehrt.

Mit dem wer weiß schon was der Morgen bringt.

… Ich wusste damals nicht, was da mit mir passierte, als nach der Trennung von Rene destruktive Gedanken in mir einbrachen.
Die vergleichbar sind mit einem ungeordneten Wollknäuel, wo es schwierig ist, den Anfang zu finden.

… Doch als in einer unruhigen Nacht ein Angsttraum mich aus dem Schlaf gerissen hatte,
da wusste ich, dass mein Unbewusstes diesen Traum mit einer mächtigen Zukunftsangst freigegeben hat.
Angst, ja große Angst über meine Zukunft, ließ mich an die Worte von Mutter für psychologische oder hypnotische Gesprächshilfe erinnern.
So entschied ich mich für das letztere.
Die hypnotische Gesprächsführung.

… Ich stellte mir vor, wie diese Art Hypnotik tief in mein Unbewusstes eindringt und mir eine **Tür** aus dem **Gefühlslabyrinth öffnet**.

* * *

Kapitel 6

Die hypnotische Gesprächsführung
Eine Tür, die sich wieder öffnete mit dem sanften Weg aus der Gefühlsfalle.

* * *

Nun war die Zeit für die Veränderung gekommen und Conny hatte mittlerweile gut vier Jahre mit ihrem Leidensdruck standhalten können.
Doch ein intensiver Angsttraum über ihre Zukunft ließ sie in Bewegung kommen, in der Erwartung, sich durch die hypnotische Gesprächsführung mit Autosuggestion aus ihrer Gefühlsfalle zu befreien.
So nahm sie als gesunde Ratsuchende für ein erstes Gespräch Kontakt mit mir auf.
Eine psychische Störung oder Erkrankung verneinte sie.
Das war ihr nicht diagnostiziert oder bekannt, sodass die hypnotische Gesprächsführung seine Anwendung finden konnte.

… So schilderte mir Conny lange und ausführlich ihre glückliche Zeit mit Rene, die Trennung und die Abwärtsspirale im Liebeskummer bis zum heutigen Tage.

… **Liebeskummer**
Mit dem unaufhörlichen Leidensdruck so waren ihre ersten Worte und ließen diesen ersten Schritt für Hilfe zu.
Ein Zustand, der nicht mehr aushaltbar ist, mein Leben nicht mehr lebenswert macht und auf die ich so sehr hoffte, sich von selbst nicht eingestellt hat.
Deswegen sitze ich heute hier bei Ihnen.
Um mit der Hypnotik die Leidenslast, den Ballast, den ich schon Jahre mit mir herumschleppe, endgültig abzuwerfen.
Diese negativen Gefühle haben schon lange keine Berechtigung mehr in **mir**.
Und gehören in die psychische Restmülltonne mit einem großen Deckel drauf.

… Nun, das war ein Spruch von Conny, der mich im ersten Moment aufhorchen ließ und doch sehr beeindruckend formuliert war.

… **psychischer Müll**,
der in die Restmülltonne gehört mit einem großen Deckel drauf, dass nichts wieder herausdringt von alter Erinnerungslast.
Ein Mensch wie Conny, der solche Aussagen macht, ist schmerzlich tief in sich gegangen, um etwas Licht in die Schattenseiten ihrer Gefühlswelt zu bringen.

* * *

… Und so fing ich an, die hypnotische Gesprächsführung einzulenken, die anfangs immer mit der Aufklärungs- und Sorgfaltspflicht beginnt.
Und hier schon viele wichtige Ratschläge und Hilfshinweise beinhaltet, um der Abwärtsspirale im Liebeskummer zu entkommen.
Dieses ist schon eine erste wichtige Weichenstellung, das Leben wieder in eine Neuordnung zu bringen.

… Die Aufklärungs- und Sorgfaltspflicht ist immer ein wichtiger Bestandteil, wenn in so einen **sensitiven** Bereich wie dem psychischen Erleben mit Denk- und Verhaltensvorgängen eingegriffen wird.
Um jeden erdenklichen Schaden von meinem Klienten abzuwenden.

Diese Aufklärung mit Sorgfalt, darauf weise ich meine Klienten immer wieder hin, sollte nicht nur abgenickt angehört, sondern auch richtig verstanden werden.

* * *

So weitete ich das Gespräch aus, das eine hypnotische Gesprächsführung mit Autosuggestionen, eine **Veränderung** der festgefahrenen negativen Denkmuster bewirkt, die sich bei Ihnen, Conny, im Grübelzwang chronifiziert hat.
Mit dem Leidensdruck, der auf die Gefühlswelt einwirkt, was empfindlich auf das vegetative Nervensystem mit allerlei Symptomen übergeht.

… Bluthochdruck, Schwindelgefühle, Kopfschmerzen, Bauchschmerzen, Übelkeit, Launenhaftigkeit, Zerstreutheit, apathische Gleichgültigkeitsgefühle und letztlich die Selbstablehnung mit dem Sinn des Lebens infrage zu stellen.

… Das vegetative Nervensystem ist stress-sensibel und reagiert äußerst empfindlich auf die belastenden Reize wie **Liebeskummer**.

... Chronifizierter Kummer, egal welcher Art, verändert das Denken mit irrealen Vorstellungen und Ansichten und genau da liegt der Auslöser für Leidensempfinden.
Dieses chronische Kummerdenken über große Zeiträume nimmt unser Lernorgan **Gehirn** an und prägt sich zu destruktiven Denkmustern mit Leidgefühlen aus.
Mit anderen Worten, man fühlt sich immer schlecht und krank.
Wie beschrieben, mit allerlei psychischen und körperlichen Symptomen aus dem vegetativen Nervensystem.

... Zur Verdeutlichung und zum besseren Verständnis meiner fachlichen Ausführung über Gedanken und Denkvorgänge.

... Hierzu eine lustige **Denkaufgabe,**
dass Sie sich eigentlich mit etwas Übung und dem Bewusstsein darüber, **Ihr Denken** und Ihre Gedankenvorgänge selbst aussuchen können und nicht **Sklave** ihres Denkens sein müssen.
Somit Ihr sensitives Nervensystem entlasten und ruhigstellen können.

... Nun saß mir Conny ganz gespannt mit den Worten gegenüber:
Wie?
Ich kann mir aussuchen, das was da bei mir im Kopf vorgeht.

Das glaube ich nicht.
Wie soll das denn gehen?

… Nun legte ich los mit meiner Weisheit.
Conny, schauen Sie mir jetzt mit Ihrer ganzen Zuhörbereitschaft in meine Augen und sollte Ihr Blick dennoch einmal abweichen, dann fangen Sie ihn wieder zu mir ein.

… Denken Sie in diesem Augenblick an eine grüne Kuh.
Kurze Pause mit meiner Nachfrage:
Ist Ihnen die grüne Kuh gelungen?
Antwort: Ja.

… Und nun noch ein letztes Beispiel zu dieser lustigen Denkaufgabe.
Denken Sie jetzt an ein gelbes Pferd.
Wieder kurze Pause mit meiner Nachfrage:
Ist Ihnen das gelbe Pferd auch gelungen?
Antwort: Ja.

… Noch mit meinem durchdringenden Augenkontakt sagte ich zu Conny:
Nun, Sie sehen, wie Sie Ihr Gefühlsempfinden in eine Neuordnung bringen.
Denn so wie Sie über sich denken, so werden Sie sich auch fühlen.

… Genau das haben Sie eben mit den drei Ja-Antworten und Ihrem Lächeln über das lustige Beispiel bewiesen.

Geben Sie ungewolltem Denken für Sklaverei und Selbstschädigung nicht die Macht über sich.

... Klingt alles einfach, ist es aber nicht.
Nur Sie können sich überlegen, Ihr destruktives Problem in den Griff zu bekommen oder suizidale Gedanken sind dann nicht mehr weit.
Dieses neue Wissen ist kontinuierlich zu üben, um sich gegen destruktive und zermürbende Gefühle zur Wehr zu setzen.

... Lassen Sie alles, so wie es ist, und setzen Sie dem nichts entgegen, dann werden Sie weiter hilflos bleiben und wie schon gesagt:
So wie wir über uns denken, so fühlen wir uns auch.
Eben gut oder schlecht oder irgendwas dazwischen.
Hatten wir jedoch Glück, dann könnte die Zeit ein chronifiziertes Liebesleiden ausheilen.
Nur wie viel vergeudete Jahre müssen noch vergehen?
Mit etwas **Pech** bleibt immer noch ein Restleiden übrig.

... Nach so vielen Jahren, Conny, gehört der schon längst überfällige Gedankenschrott in die psychische Restmülltonne und wie Sie schon sagten, mit einem großen und dichten Deckel darauf.

Damit quälende Gefühle nicht wieder hochkommen.

* * *

… So weitete ich die Aufklärung in der hypnotischen Gesprächsführung weiter aus.
Dass diese Art Hypnotik keine Hypnose ist, die durch eine zweite Person, dem Hypnotiseur, in einem Somnambuliezustand (schlafwandlerischer Zustand) oder im tiefhypnotischen Tranceschlaf durchgeführt wird.
Bei jeder Art Hypnose oder hypnotischer Gesprächsführung sind **keine** Nebenwirkungen wie bei Medikamenten zu erwarten und die Gesprächsführung ist ein **sanfter Weg** aus der Gefühlsfalle Liebeskummer.

… Bei der hypnotischen Gesprächsführung sitzen Sie mir in einem normalen Gesprächsabstand bei vollem Bewusstsein aufmerksam und hochkonzentriert gegenüber mit dem **Auftrag**,
für die ganze Gesprächsdauer mit mir direkten Augenkontakt zu halten.
Wobei kein Anstarren gemeint ist. Nur große Aufmerksamkeit und Interesse an meiner Gesprächsführung.

Sollte sich Ihr Augenkontakt dennoch einmal verlieren oder abschweifen, so fangen Sie ihn wieder zu mir ein.
Durch diese aufmerksame Konversation werden die Gesprächsinhalte tief in Ihr Gedächtnis und in das Unterbewusstsein eindringen.
Ein Umlernprozess im Umdenken wird in Gang gesetzt.
Salopp gesagt, weg vom Alten und hin zum Neuen.
Was sich bemerkbar macht durch Gleichgültigkeitsgefühle über Ihren Liebeskummer und destruktives Denken.
… In der Psychotherapie könnte man das auch als **Reframing** benennen.
Übersetzt bedeutet das, Ihren Liebeskummer mit einem anderen Etikett zu versehen.
Eine Umetikettierung. Eben Ihren Kummer als Lebensehre und nicht als Kummer zu sehen.

* * *

Diese intensive Konversation von Gesicht zu Gesicht wird tief in Ihr Unterbewusstes eindringen und wo immer Sie gerade sind, Sie daran erinnern, dass Liebeskummer keine Berechtigung mehr hat in Ihnen und schon längst im Leben überflüssig ist.

… Parallel dazu stelle ich Ihnen eine Autosuggestion.
Übersetzt heißt das, eine Selbsthypnose, die Sie täglich, wo immer es sich anbietet und auch ganz unmerklich für andere, in kleinen Ritualen durchführen können.

… Doch müssen Sie wissen, dass ein kurzfristiger Erfolg für Ihren chronischen Liebeskummer nicht zu erwarten ist.
Denn festgefahrene destruktive Gedankenmuster haben Sie erobert und werden den Platz in Ihnen nicht so ohne Weiteres räumen wollen.
Denn was sich da über die vielen Jahre in Ihre Gefühlswelt eingeprägt hat, wird auch Ihre Zeit brauchen und ist nicht auf die Schnelle zu eliminieren.

Doch bleiben Sie kontinuierlich am Ball, lassen Sie die hypnotischen Gespräche tief in sich eindringen und Ihnen wird bewusst, wie über so eine lange Zeit Ihr Kummer überflüssig war.

... Ihr Leben bietet noch vieles mehr, das es wert ist, entdeckt zu werden und stellen Sie sich nicht selbst ins Abseits.
Seien Sie Mitspieler im Leben und nicht ein Zuschauer am Spielfeldrand.

* * *

Die hypnotische Gesprächsführung

Mit dem sanften Weg aus der Gefühlsfalle.

... Die Aufklärungs- und Sorgfaltspflicht war in einem langen Gespräch beendet.
Eine psychische Erkrankung oder diagnostizierte Störung verneinte Conny und war ihr als gesunde Ratsuchende auch nicht bekannt.
Sodass in zwölf Wiederholungssessionen die hypnotische Gesprächsführung durchgeführt werden konnte.

... Nun bat ich Conny, in den hypnotischen Sessionen einen aufmerksamen Augenkontakt zu mir zu halten.
Womit kein Anstarren gemeint ist.
Sollte ihr Blick dennoch einmal abweichen, dann fangen Sie in wieder zu mir ein.

… So begann ich mit Conny die Aufarbeitung ihrer Leidenszeit mit einer **Anamnese**-Befragung.
Die Rückerinnerung bis zum Ursprung der Trennung von Rene vor gut vier Jahren, um hier Lösungsansätze zu finden.

Frage:
Conny, wie fühlen Sie sich heute nach der langen Leidenszeit im Liebeskummer?

Ihre Antwort:
Sehr schlecht fühle ich mich nach so langer Zeit immer noch.
Deswegen sitze ich heute Ihnen hier gegenüber.

Frage:
Conny, wie zeigt sich das, was sich heute noch so schlecht anfühlt und Sie leiden lässt?

Ihre Antwort:
Ich fühle mich einfach so schwach und niedergeschlagen.
Schon mit Grübelgedanken nach dem morgendlichen Erwachen.
Ich laufe wie betäubt gleichgültig und apathisch den ganzen Tag herum.
Auf der Suche nach dem Sinn des Lebens.
Gedanken mit Erinnerungen an Rene wollen und wollen mir nicht aus dem Kopf gehen.

Ich fühle mich als Sklave mit diesem ungewollten Denken.

Frage:
Conny, geht die Suche nach dem Sinn des Lebens so weit, dass Sie sich ins **Nichts** verliert?
Also sich überflüssig im Leben fühlen und sich mit ungewollten Gedanken beschäftigen, die selbstschädigend oder suizidal sind.
Gemeint ist eine Selbstzerstörungsabsicht.

Ihre Antwort:
Mit einem längeren Innehalten.
Heute dringt da manchmal noch so ein schwacher Impuls durch.
Doch es gab damals nach der Trennung von Rene schon eine Zeit, wo mich solche Gedanken nicht mehr losließen.
Hier im Leben überflüssig zu sein und die Sinnlosigkeit fürs Leben überfielen mich.
Doch die Stütze und Fürsorge von Mutter und Vater haben mich sozusagen vom Haken gezogen.
Aber es war schon sehr in einem grenzwertigen Bereich.
Mit Vorbereitungen hochdosierter Tabletten, die ich mir nach und nach besorgt hatte.
Für **einen Schlaf, der nie enden sollte**, lagen sie versteckt in meinem Wäscheschrank.
Bis Mutter durch Zufall darauf stieß und mich von da an ganz in ihre Obhut nahm.

So konnte ich mich lösen oder auch ein langsames Ausschleichen von diesem Vorhaben und ich verdanke ihr, dass ich hier heute sitze.

Meine Frage darauf:
Doch heute und in diesem Augenblick sind es nur Ihre Kummergedanken und keine suizidalen Gedanken mehr?
Habe ich das so richtig verstanden?

Ihre Antwort:
Ja, das haben Sie so richtig verstanden.

Frage:
Conny, gehen Sie jetzt einmal in einem Gedankenspaziergang sechs Monate zurück in Ihrer Leidenszeit.
Wie ging es Ihnen noch vor einem halben Jahr?

Ihre Antwort:
Ja, was soll ich da sagen?!
Ein Zustand, der genau wie heute quälend war und mich zum Sklaven meiner Grübelgedanken machte.
Mit Rene in einem Hamsterlaufrad, das nie aufhörte, sich zu drehen.

Frage:

Conny, gehen Sie jetzt in Ihrem Spaziergang ein Jahr zurück.
Können Sie sich noch daran erinnern, ob Sie Ihren Liebeskummer immer noch so stark empfunden hatten oder waren da Schwankungen mit Veränderungen in Ihrer Gefühlswelt?

Ihre Antwort:
Mit nachdenklicher Pause.
Diese Frage ist auch schwer zu beantworten.
Zum einen war da Mutter mit Ihren eindringlichen Ermahnungen, psychische Hilfe aufzusuchen.
Zum anderen war ich nach so langer Zeit immer noch schwach und niedergedrückt und letztlich gehörte dieser Zustand schon zu mir.
Der keinen Unterschied machte, ob besser oder schlechter oder für irgendwelche Veränderungen noch vor einem Jahr.
Die Zeit verstrich, auf die ich so sehr hoffte, dass alles besser würde.
Doch es blieb alles, wie es schon lange war.
Destruktiv, halt- und nutzlos.

Frage:
Conny, gehen Sie jetzt in Ihrem Erinnerungsspaziergang zwei Jahre zurück.
An was Wichtiges können Sie sich da noch erinnern?

Ihre Antwort:

Da fing ich schon langsam an, mich ganz zu isolieren.
Wollte keinen mehr sehen und auch keinen mehr hören.
Ich versteckte mich, saß nur noch in meinem Zimmer am Fenster und blickte teilnahmslos auf unseren Garten.
Wobei die Musik aus alter Zeit mit Rene vom Plattenspieler rauf und runter spielte.
Dass Mutter und auch Vater anfingen, sich große Sorgen zu machen, wie es mit mir weitergehen und vor allem wie es enden wird.
Denn meine Selbsttötungsabsicht durch Schlaftabletten war ihnen nicht verborgen geblieben.
Die Tabletten waren Mutter durch Zufall in die Hände gefallen und ich war von da an unter ihrer Aufsicht.
Mit einem Schlaf, der nie enden soll.

Frage:
Conny, und nun weiten Sie Ihre Erinnerungen noch einmal bis kurz nach der Trennung von Rene aus.
Welche Erinnerungen aus dieser Zeit haben Sie noch?

Ihre Antwort:
Ja, das war vor etwa vier Jahren nach der Trennung von Rene, mit meiner Hilflosigkeit, der ich nun ausgesetzt war und einem Rest von Hoffnung mit Rene.

Die jedoch zuletzt starb.
Mit einem Gefühl, mich in einem luftleeren Raum zwischen Himmel und Erde zu bewegen.
Oben nichts und unten erst recht nichts.
Ins Bodenlose zu versinken.
Ein destruktiver Schleier, der sich wie ein Unwetter über mich gelegt hatte.
Der Liebeskummer mit all seiner zerstörerischen Kraft zog mich wie in einem Sog tief in ein **Labyrinth** hinein.
Wo keine Tür für einen Ausgang mehr zu finden war.
Der Freund und Selbstzerstörer, den ich für meine verletzten Gefühle gefunden hatte und lange Zeit ein zuverlässiger Begleiter war, half mir irgendwie durch diese schwere Zeit hindurch.
Doch mit dem Alkohol waren auch die Zukunftsängste zum treuen Begleiter geworden.
Mit dem Bewusstsein darüber, dass ich doch das verloren hatte, was mir allein gehörte.
Die Nähe von Rene.
In dieser Hilflosigkeit war die Neigung geboren, in einem Schlaf der nie enden sollte von allem losgelöst und befreit zu werden.
Bis Mutter dieses erkannte und mich aus meinem Gedankenkarussell herauszog.
Wie schon gesagt, sonst würde ich hier und heute **nicht** sitzen.

* * *

Nun, liebe Leser,
aus Connys vorgetragenem Leid haben sich zu ihrem chronifizierten Liebeskummer suizidale Gedanken gesellt und sie im Leidensgang lange beherrscht.
Conny ist in ihrem Naturell eine überaus empfindsame und gefühlssensible Frau mit Stressanfälligkeit, das in der Psychologie als Vulnerabilität mit Übererregung im vegetativen Nervensystem genannt wird und ein relativ normales Leiden um ein Vielfaches stärker von ihrer Gefühlswelt aufgenommen wird als bei einem normalen Empfinden.

… Die lange Trennungszeit von vier Jahren hatte Conny damit verbracht, sich destruktive und selbstzerstörerische Gedanken und Verhalten anzuerziehen.
Ja, man könnte auch sagen anzutrainieren.
Das sich im Gehirn, dem Lernorgan Hippocampus mit den synaptischen Schaltstellen zwischen den Neuronen (Nervenzellen), lernmäßig vernetzt hat.

… Denn macht man etwas lange genug, so ist das mit einem Lerneffekt verbunden, das letztlich zu einem gewohnten Verhalten übergeht und wie bei Conny ein Entrinnen aus diesem Grübelzwang allein dann nicht mehr möglich ist.

Das selbstzerstörerische Denken wurde über viele Jahre gut gelernt oder auch selbst anerzogen.

* * *

… Doch es gibt mit dem Rest von gesunden Gedanken in dem Glauben an Selbsterhaltung, die da noch bei Conny tief im Unbewussten schlummern, eine Hoffnung, die sie aber in ihrem destruktiven Hamsterrad nicht in Erwägung ziehen konnte.
Und deshalb auch unfähig war, ihrem Liebeskummer ein Ende zu setzen.
Die **Lösung** dafür ist im Grunde ganz einfach.
Sich neu zu verlieben.
Und offen dafür werden.
Eine neue Liebe.
Diese mächtige Energie, dieser Liebesdrang würde Conny aufs Neue einfangen, um sich endgültig ihrer Kummergedanken zu entledigen.

… Sie glauben gar nicht, wie schnell sich neue Gefühle auftun und wie schnell Conny ihre alte **Liebe** vergessen kann.
Das ist das Spiel mit den Gefühlen, die uns die Natur gegeben hat.
Doch für so eine simple Überlegung ist jeder, der erst einmal in so einem Grübelkarussell sitzt, nicht fähig.

Und so vergehen mitunter viele vergeudete Jahre, die es einfach nicht wert sind zu vergeuden.
Aber wie das im Leben so ist, überall wo Leben herrscht, herrscht auch Unvollkommenheit und vieles kann dann zum Würfel- oder Roulettespiel werden.
Das sich ins **Nihilistische**, ins **Nichts** führend verläuft.
Denn die Wahl, den Glückstreffer dafür zu finden, ist nicht immer einfach.

* * *

… So weitete ich das Gespräch mit Lösungen für Connys Liebeskummer aus.

… Die Lösung für Ihr Kummerproblem,
so sagte ich,
liegt eigentlich in Ihnen selbst. Indem Sie sich in Ihr Problem tief einfühlen und wie ein Pfadfinder Ihren Gefühlen auf der Spur bleiben.
Mit der Logik, was **gut** oder **schlecht** für Sie ist.
Denn nur Sie selbst kennen Ihre Gefühlswelt am besten und können Ihr eigener Therapeut in Eigentherapie sein.
Doch ich werde Ihnen mit der hypnotischen Lenkung dabei behilflich sein.

Die Weichen aus dem Liebeskummer neu zu stellen, die Ihr Leben wieder lebenswert machen.
Wichtig, noch mal, ist zu wissen:
So wie Sie denken, so ist auch Ihre Befindlichkeit.
Geben Sie solch selbstzerstörerischem Denken keine **Chance**.
Setzen Sie dem neues Denken entgegen.
Weg vom Alten, hin zum Neuen.
Doch gilt es, unbewusste Impulsregungen aufzuspüren und unter Kontrolle zu halten.
Sich darüber klar zu sein, was stellt sich in so einem Moment schädigend gegen mich.
Um noch rechtzeitig die Bremse für solche Impulsregungen zu ziehen.
Zum Beispiel könnte die Bremse so aussehen:
Im Liebeskummer den Kumpel und Seelentröster **Alkohol** nicht zu trinken.
Der natürlich nichts Gutes will, als dass Sie sich am nächsten Tag noch schlechter fühlen sollen und der Schlaf, der nie endet, wieder näherrückt.
Man kann das alles für Selbsthilfe in Eigentherapie auch so ausdrücken:
Eine Katharsis, eine Seelenreinigung mit sich vornehmen und den schon längst überfälligen Gedanken- und Gefühlsschrott mit einem großen Kehrbesen aus sich herausfegen.

* * *

… Nun, Conny, haben wir Ihren Liebeskummer mit kleinen Erste-Hilfe-Beispielen in der Rückwicklung beleuchtet.
Das alles haben Sie durchlebt.
Das kennen Sie und es hat Ihnen nichts Gutes gebracht als Abgrundgedanken und Sklave einer mächtigen Gefühlsenergie zu sein.
Nun der **neue Gang,** mit keinem Blick zurück, sondern dem aufrechten Blick nach vorn gerichtet.
Was Ihr Leben mit all seinen neuen Herausforderungen wieder lebenswert macht.

* * *

… Sehen Sie mir weiter tief in meine Augen und verlieren Sie dabei nicht den Blickkontakt.
Sollte es dennoch einmal passieren, dann fangen Sie ihn zu mir wieder ein.
Gemeint ist kein Anstarren, nur ohne Scheu Ihre ganze Aufmerksamkeit und Zuhörbereitschaft an diesem Gespräch ist gemeint.
Dieses Gesprächsbild, wie wir uns hier im ruhigen und leicht abgedunkelten Sprechzimmer gegenübersitzen, wird Ihr Unterbewusstsein prägend aufnehmen und zuverlässig daran erinnern, was Sie heute von mir gehört haben.

* * *

… Nun, Conny, meine Lösungsvorschläge oder besser gesagt die Lösung für den Liebeskummer, mit dem **sanften Weg** aus Ihrer Gefühlsfalle.
Reframing, das ist ein psychologisch-psychotherapeutischer Begriff, der Ihnen im Moment nicht viel sagen wird,
aber eine tiefe Bedeutung für Ihr Kummerproblem hat.
Zum guten Verständnis dazu ein kleines Beispiel, das mit dem
Seelentröster Alkohol zu tun hat.
Stellen Sie sich in Ihrer Fantasie eine Flasche hochprozentigen Wodka vor, der für Sie immer ein treuer Begleiter ist.
Aber Sie wissen sehr wohl, dass Ihnen das am nächsten Morgen viel seelische und körperliche Schwäche, wie Kopfweh, Herzstolpern, Bluthochdruck, Übelkeit, Erbrechen und noch so manch anderes Unwohlsein beschert.
Wobei Ihre Arbeit in diesem Zustand unmöglich ist.
So muss eine Krankmeldung her, um das morgendliche Problem zu entschuldigen.
Was oftmals zum Dauerzustand mit allen beruflichen und sozialen Konsequenzen wird.
Nun sehen Sie sich diese Flasche Wodka an, die da ½ voll vor Ihnen steht.
Mit dem Etikett 45 % Alkohol.

So durstig Sie auch in diesem Moment auf Wodka sind, die zu lesenden 45 % bedeuten nichts Gutes.
Nämlich der nächste große Problemtag, der da auf Sie zukommt.
Dem Sie mit all seinen Unannehmlichkeiten nicht entrinnen können.
… Lenken Sie nun Ihre Gedanken in eine positive Richtung, die Ihnen nicht schaden wird und drehen Sie die Flasche um.
Mit den 45%-Etikett nach hinten.
Gut anzusehen die ½ volle Flasche Wodka, wenn kein Etikett zu sehen ist.
Dann müsste man schon raten, was drin ist.
Die einfache Logik, die sich dahinter verbirgt.
Kein Flaschenetikett mit der Ungewissheit, was drin ist.
Kein Alkohol, keine Unannehmlichkeiten am nächsten Tag für Kummer und Schmerz.
Sie haben gedanklich eine Umetikettierung vorgenommen.
Das alte Flaschenetikett mit 45 % war erkannt, denn das schmerzt und tut weh.
Was Sie nur zu gut kennen.
Nun, für so eine gesunde Denklogik muss man nicht schlau sein, um zu unterscheiden,
was ist gut oder schlecht oder selbstzerstörerisch für mich.
Und genauso ist es auch beim Liebeskummer.
Nehmen Sie eine gedankliche **Umetikettierung** vor.

Mit dem, was schlecht und gegen Sie ist, in Ihrer Fantasie in ein lebensbejahendes und farbenfrohes Licht zu stellen.
Was Ihnen guttut und sich ebenso gut anfühlt, offen zu werden für neue Gefühle.
Die Sie wieder zulassen.
Denn wer weiß schon, was Ihnen alles entgehen könnte.
Vielleicht ein neuer Rene oder auch zwei?
Für so eine gesunde Denklogik braucht es keinen Therapeuten oder Psychiater noch Medikamente, denn Sie sind Ihr eigener Therapeut.
Liebeskummer, der Sie einmal mit all seiner zerstörerischen Kraft überrumpelt hat, den werden Sie, Conny, in Ihrer Gefühlswelt ja am besten kennen.
Kein anderer kann Ihnen das so gut nachfühlen **wie Sie selbst.**
Ein Nebeneffekt in dieser Umetikettierung ist, dass Ihnen im Laufe der Zeit die Lust auf Alkohol vergeht.
Und für viele Alkoholiker ist das ein Anstoß, ihre Sucht abzufedern und besser in den Griff zu bekommen.

* * *

… Alles tun, was guttut.
Das sind die ersten Selbsthilfemaßnahmen für ein gesundes Gefühlserleben.
Wichtig dabei ist nur, dass es Sie begeistert.
Das, was Sie tun.
Denn ein Naturgesetz ist, alles was uns begeistert oder noch besser, faszinieren kann, gewinnt **Macht** über uns.
Gemeint damit ist, Macht die aufbauend und nicht zerstörerisch wie Liebeskummer ist.
So wird mit der Macht Begeisterung das Kummergefühl schwächer und schwächer.
Bis Sie letztlich Ihr seelisches Gleichgewicht wieder erlangt haben und Ihre vergeudeten Kummerjahre belächelt werden können.
Mit dem Gedanken darüber:
Wie nur konnte ich so tief sinken?
Und vor allem, was hätte alles in diesem selbstzerstörerischen Hamsterlaufrad passieren können.

Treiben Sie Jogging und Sport, Fahrrad fahren, gehen Sie schwimmen oder irgendetwas, womit Sie in Bewegung kommen.
Raffen Sie sich auf.
Frische Luft und Bewegung. Egal, welcher Art, regt den Glücksbotenstoff **Dopamin** für Gehirnaktivität an.

Sie werden sich danach gut fühlen, mit dem Denken darüber:
Da passiert etwas Neues mit mir, eine Veränderung mit Stärke, die ich meiner Kummerschwäche entgegensetzen kann.
Ich habe was geschafft, das mir früher nicht möglich erschien, weil ich mich zu schwach dafür gehalten habe.
Nun, Conny, die Schwäche lag in Ihrem Kopf. In Ihrem destruktiven Denken über sich selbst. Ihr Denken mit der negativen Energie hat Ihnen die Schwäche eingeflößt, die Ihr unsichtbarer Feind war.
Setzen Sie den festgefahrenen Grübelgedanken etwas entgegen und geben Sie einem **neuen Denken** die Chance, sich in Ihnen einzufinden.
Trainieren Sie und probieren Sie positives Denken für sich und nicht gegen sich aus.
Denken Sie über Ablenkung nach und wagen Sie neue Schritte.
Besuchen Sie das Kino, Theater Fußballspiele, gehen Sie kegeln und lassen Sie sich gerne wieder einladen.
Führen Sie lange Unterhaltungen, philosophieren Sie über dies und jenes.
Seien Sie im Leben wieder ein Mitspieler und kein Zuschauer am Spielrand.
Denn nur so wird man auf Sie wieder aufmerksam werden.

Stellen Sie Ihre Aktivität ins Licht, denn im Schatten haben Sie sich lange genug aufgehalten.
Da wurde man weniger auf Sie aufmerksam.
Freuen Sie sich über diese neuen Errungenschaften und sehen Sie es als ein Abenteuer, in dem Sie die Hauptdarstellerin sind.
Denn all das wird Ihr Gehirn im Umlernvorgang **neu** aufnehmen mit dem Verhalten.
Weg vom Alten und hin zum Neuen.
Haben Sie diese Erkenntnis darüber erst einmal gewonnen,
dann glauben Sie gar nicht, was Sie mit sich alles auf die Beine stellen können.
Denn bekanntlich sind dafür keine Grenzen gesetzt.
Nur die Grenzen, die Sie sich mit Ihren Blockaden selbst setzen.
Nur nach unten gibt es Grenzen, wenn die Schranken für Selbstzerstörung durch Liebeskummer durchlässig geworden sind.
Was immer Sie auch tun wollen, tun Sie es.
Bleiben Sie weiter brav in Ihrem Gefängnis sitzen, dann wird sich gar nichts tun.
Sie lernen nur, weiter schlecht über sich und die Welt da draußen zu denken.
Ihre negativen Gedanken erfreuen sich sozusagen daran, denn Sie bekommen weiter Verstärkung und haben dafür vier Jahre auf der Lauer gelegen, die Chance zu ergreifen.

Um noch stärker als je zuvor auf Sie zerstörerisch einzuwirken und weiter Besitz von Ihnen zu nehmen.

Mit diesem neuen Wissen, Conny, haben Sie einen Türöffner in der Hand, sich aus dem selbstzerstörerischen Labyrinth zu befreien. Und nicht weiter in einem Käfig zu sitzen, den Sie sich selbst gebaut haben.

* * *

… Früher da sang mal jemand ein Lied.
„Die Liebe ist ein seltsames Spiel“.
Ja und genauso sonderbar ist das mit unserer Gefühlswelt.
Für so etwas Sensibles, da hat man nicht immer einen Plan in der Tasche für eine Ordnung.
Eher eine Unordnung ist die Regel.
Ist die Gefühlswelt erst einmal durcheinandergeraten, dann können nur gesunde Gedanken das wieder in eine **Neuordnung** rücken.
Dieser Selbstschutz sollte immer mitbedacht werden und ist ein Recht, das jeder beanspruchen darf.
Auch wenn die **Liebe** noch so groß ist.
Liebe ja, aber nicht um jeden Preis mit der rosaroten Brille durchs Leben stolpern.
Das dann in die Selbstzerstörung führt.
Ein wichtiger Leitfaden dafür wäre:
Darum prüfe, wer sich ewig bindet.
Allerdings wird diese wichtige Philosophie in unserem modernen und hektischen Leben sehr oberflächlich beachtet oder auch gar nicht.

… Nun, Conny,
auf Ihre Frage, was Autosuggestion ist.
Ein Begriff, der Ihnen bislang nicht bekannt war.
Autosuggestion, so führte ich weiter aus, ist ein meditativer Versenkungszustand.
Vereinfacht ausgedrückt ist das ein Gedankenspaziergang in Selbsthypnose und bei Ihnen eine Unterstützung zur hypnotischen Gesprächsführung.
Dieses bewirkt bei ständiger Beschäftigung damit, alte festgefahrene Denk- und Verhaltensmuster aufzuweichen und umzulernen für ein ausgeglichenes inneres Stimmungsbild.
Dazu benötigt es einen Suggestionstext.
Spezifisch ausgerichtet auf ein störendes Problem und für Sie Conny auf Liebeskummer.

* * *

… Autosuggestion, die Selbsthypnose, der Selbstheilungsversuch als erster Schritt zur Selbstheilung ist ein Weg, sich selbst **neu** zu finden.
Ein Selbstbeeinflussungswerkzeug in eigener Regie für etwas, was im Psychenerleben stört.
Oder wie bei Liebeskummer destruktiv und zerstörerisch ein unsichtbarer Gegner auf die Gefühlswelt einwirkt.
Diese hypnotische Selbsttherapie wirkt auf die festgefahrenen negativen Denkmuster und Impulse aus dem Unterbewusstsein ein.
Ein Umlernvorgang wird in Gang gesetzt, was sich beruhigend auf das stressanfällige vegetative Nervensystem auswirkt.
Vereinfacht gesagt, das loszuwerden, was stört, was man nicht mehr will.
Bei Ihnen, Conny, heißt das der Liebeskummer muss weg.
Den will ich nicht mehr mit mir herumschleppen und er soll mein Leben nicht mehr beherrschen.
Mein Leidensweg war lang und schmerzhaft und vielleicht wartet da draußen ja ein neues Glück auf mich.

Nachfolgend die Autosuggestion in einigen verständlichen Schritten.

Schritt 1:
Der feste gedankliche Entschluss, sich von alten Gefühlen trennen zu wollen.
Diese Grundeinstellung ist eine wichtige Voraussetzung, dass der Weg frei wird für Bemühungen, sich von alten Liebes-, Hass- und Eifersuchtsgefühlen loszusagen.

Schritt 2:
In einer sehr ruhigen und entspannten Stunde nehmen Sie sich ein großes Blatt Papier und fangen an, in großer Schrift Ihren Autosuggestionstext auszuformulieren.
Der dann täglich und zu allen sich bietenden Gelegenheiten im gedanklichen Zwiegespräch oder auch laut zur Anwendung kommen soll.
Wobei die Spiegelsuggestion in Schritt 4 einen ganz besonderen Stellenwert einnimmt.
Dieser kurze selbstverfasste Suggestionstext könnte nachfolgend so lauten.

Ich, Conny,
werde mich von meinem Liebeskummer trennen.
Er ist es nicht wert, mich weiter zu beherrschen.
Es soll nicht mehr sein, dass Rene einen Platz in mir hat.
Er muss seinen Weg gehen und ich werde von nun an meinen Weg gehen.
So soll es sein.

An diesem Entschluss werde ich unbeirrt weiter festhalten und mich durch die **Hypnotik** von diesen Fesseln befreien.
Ich schließe mein Gelöbnis ab mit dem Codewort ...?

* * *

Das abschließende Codierungswort können Sie frei auswählen.
Wichtig dabei ist nur, sich ein Codewort auszuwählen, das nicht so üblich ist.
Damit es zu keinen Irritierungen kommt und Ihr Unterbewusstsein Sie zuverlässig an Ihr Gelöbnis erinnern kann.

Schritt 3:
Diesen Suggestionstext dann gut sichtbar an einigen wichtigen Stellen in Augenhöhe Ihrer Wohnung oder Ihrem Haus zu platzieren.
Zum Beispiel in der Küche bei Handhabungen oder im Bad am Spiegel, auf dem Esstisch oder ähnlichem.
Um den **Text** im Vorbeigehen im Blick zu haben, sodass bei jedem Gang eine **Erinnerung** mit der gedanklichen Beschäftigung oder auch mit lautem Selbstsprechen als Umlernvorgang auf Sie übergeht.
Wichtig ist auch morgens nach dem Aufstehen die sogenannte
Spiegel-Suggestion.

Oder auch Spiegeltechnik genannt.
Im Bad beim Frisieren oder Rasieren den Text immer wiederholt runter zu lesen. Da nach dem Aufstehen eine Art **Resttrance-Zustand**, also das noch nicht voll wach sein, vorhanden ist.
In diesem Zustand ist das Unterbewusstsein und die Gefühlswelt besonders empfänglich für diese Art Selbsteinflüsterung.

Schritt 4:
Die Spiegel-Suggestion:
Stellen Sie sich entspannt und ruhig atmend vor Ihren Badspiegel.
Sehen Sie sich in Ihr Gesicht und fixieren Sie Ihre Augen vertieft in Ihrem Spiegelbild, in Ihre Pupillen.
Ihre Augen sind in diesem Moment das Fenster zu den tiefen Schichten Ihrer Gefühlswelt und dem Unterbewusstsein.
Lenken Sie sich dabei nicht ab und halten Sie den Blick fest zu Ihrem Spiegelbild.
Sollte Ihr Blick dennoch einmal abweichen dann fangen Sie ihn wieder ein und fixieren Sie in wieder aufs Neue.
Sprechen Sie sich nun Ihre Einsuggerierung einige Male laut vor und schließen Sie den Text mit Ihrem Codewort ab.

Schritt 5:
Das alles, Conny, sind Ihre täglichen kleinen Rituale, die zu den verschiedensten

Tageszeiten durchgeführt werden sollten. Der Suggestionstext ist leicht auswendig zu lernen, sodass ständige Wiederholungen, wo immer Sie gerade sind, zur festen Gewohnheit werden.

Das nun ist Autosuggestion im selbsteingelenkten, rituell meditativen Versenkungszustand als Selbsthypnose.
Diese Art von Selbstvertiefung hat auch seine Wirkung besonders gut dann, wenn Sie ruhig und gelassen in Ihrem bequemen Sessel sitzen und Revue über ihren Suggestionstext passieren lassen.
Oder auch vor dem Einschlafen im Dämmerzustand mit eingeschränkter Wahrnehmung.
Tonbandmäßig den Text runtersprechen oder gedanklich durchspielen.

* * *

Ein längeres Zeitfenster benötigt die Autosuggestion in Kombination mit der hypnotischen Gesprächsführung.
Mit keiner voreiligen Erwartung sich von alten Liebesgefühlen zu trennen.
Denn es muss immer dabei bedacht werden, dass was sich da über viele Jahre an destruktivem Denken und Verhalten ausgeformt hat und gut antrainiert wurde,

nicht auf die Schnelle zu eliminieren, also zu löschen ist.
Und letztlich bleibt immer die Frage, was will ich?
Weiter **leiden** oder die Kampfhaltung gegen diesen unerwünschten Zustand einnehmen?
Doch mit festem Willen und Ihrem kontinuierlichen Angehen gegen diesen Zustand, haben Sie den Schlüssel in der Hand sich aus dieser Gefühlsfalle zu befreien.
Denn die Logik dafür ist einfach zu erklären.
Wenn man lange genug was macht, dann ist das mit einem Lerneffekt verbunden.
Ein Umlernprozess wird in Gang gesetzt, was das Lernorgan **Hippocampus** im Gehirn aufnimmt und für ein neues Denken und Verhalten abspeichert.
Dadurch wird bei Ihnen, Conny, der Liebeskummer zum Auslaufen gedrängt.
Denn Sie sind ja nicht mit Liebeskummer auf die Welt gekommen. Sie haben den Liebeskummer einmal erlernt und was Sie erlernt haben, das können Sie auch wieder umlernen und letztlich verlernen.
Unserem Lernorgan ist es egal, was ihm zugeführt wird.
Es verarbeitet das vorhandene Potenzial, das zur Verfügung steht und macht keinen Unterschied, ob etwas richtig oder falsch, irreal oder wie bei Liebeskummer selbstschädigend ist.

Es reagiert nur mit Impulsen aus der
Gefühlsfalle.

Werden Sie sich darüber bewusst, wie und
was Sie denken, wird Sie aufrichten oder zieht
Sie bis auf die letzte Treppenstufe herunter.
Ihr Leben ist zu kostbar, dass ungewolltes
Denken und Gefühle aus dem Liebeskummer
Sie dahin bringen, wohin Sie nicht wollen.
In eine selbstschädigende Gefühlsfalle.

* * *

… Die hypnotische Gesprächsführung mit Autosuggestion wiederholte ich mit Conny bis zu 12 Sessionen und immer mit Ihrem abschließenden Codewort …?

* * *

Ein Schlusswort.
Liebe Leser,
wenn es Sie betrifft.
Vergeudete Zeit ist genug vergangen, denn keiner hat genug davon.
Setzen Sie sich in Bewegung. Jetzt haben Sie den Schlüssel in der Hand, die Tür zu Ihrem **geistigen Gefängnis** zu öffnen.
Ihre Chancen dafür stehen gut.
Nämlich 1 zu 1.
Sie gegen sich selbst.

Ende

* * *

Kapitel 7

Eine analytische Sichtweise
dieser Gefühlsfalle

* * *

Liebe Leser,
um so ein wichtiges Thema wie Liebeskummer erklärbarer und verstehbarer zu machen, muss der ganze Leidensweg, der Kummergang, beleuchtet werden, um die richtige Hilfe für den dahinterstehenden Leidensdruck anbieten zu können.
Denn Liebeskummer stellt sich in ganz unterschiedlichem Leidensdruck dar.
Was jeder, sei es **Sie** oder **Er** in unterschiedlicher Intensität empfindet.
Bei einem tiefgeprägten Liebeskummer, wie in diesem Buch beschrieben, mit einem aus der Kontrolle geratenen destruktiven Gefühlszustand, der sich über viele Jahre wie ein Leidensfaden erstreckt und der Unfähigkeit, selbst diesen unerwünschten Zustand anzugehen.

Man kann das auch als eine langanhaltende Trauerreaktion benennen,
die den Betroffenen gefangen hält, eben etwas verloren zu haben, was eine starke gefühlsmäßige Verbundenheit war.
Jedoch wie in diesem Buch beschrieben einen Besitz und Eigentum darstellt.
Liebe sollte als ein Geschenk und nicht als ein Besitz angenommen werden.
Dieser wichtigen Philosophie für die Gefühlswelt allerdings, wird in unserer modernen Zeit viel zu wenig Beachtung geschenkt.

Ein Gefühlsbesitz bedeutet, Herrscher zu sein, dem man verpflichtet ist und dienlich sein muss.
Anordnungen zuverlässig zu befolgen, Launen und Diskriminierungen ausgesetzt ist.
So allerdings sollte mit Gefühlen und menschlicher Nähe nicht umgegangen werden.
Nur ein **Tyrann** oder ein pathologischer Liebeswahn könnte so etwas wollen.
Der psychische Schaden dadurch kann sehr groß und manchmal auch **irreparabel** sein, also nicht mehr auf ein gesundes Maß rückführbar.

* * *

… Wir sprechen von **Liebe**, nur was ist
Liebe?
Dieses Wort, das mit seiner unsichtbaren
Energie in Selbsthass und Selbstschädigung
bis hin zu suizidalen Gedanken mit
Selbstvernichtung in die Gefühlsfalle treibt
oder uns aus dieser Schattenwelt wieder in
höchste **Euphorie** und Tatendrang versetzen
kann.
Sind es die sexuellen Gefühle, die
Triebanlagen wie der Gründervater der
Psychologie „**Sigmund Freud**"
es einmal benannte und darin das Wort Liebe
seinen Ursprung fand.
Wenn man in der Geschichte weit genug
zurückblättert, dann gab es so das Wort Liebe
nicht und musste erst noch entdeckt werden.
Von irgendjemand und irgendwann.
Oder könnte es doch sein, dass das Wort
Liebe, wie wir es heute kennen, seinen
Ursprung in dem platonischen, der rein
geistigen Liebe hat.
Was weniger mit körperlichen
Gefühlsanbindungen besetzt ist und die
Sexualität außen vor bleibt.

Und doch hat das Wort Liebe noch einige andere Facetten oder Gesichter, was keinen allgemeinen gültigen Begriff darstellt.
So gibt es die käufliche Liebe, die manipulative vorgetäuschte Liebe für Vorteilsnahme.
Die Liebe zum Detail, die pathologisch narzisstische Selbstliebe, die Eltern-Kind-Liebe, die Geschwisterliebe, die Tierliebe und noch viele andere Arten von Liebe.
Doch was bleibt ist letztlich die energiemächtige zwischenmenschliche Liebe, die bis zum höchsten Grad mit Euphorie und Antrieb bis hin in die selbstzerstörerische Abwärtsspirale treibt.
Wenn sich diese Triebenergie mit geprägtem Liebeskummer freigesetzt hat und sich gegen uns stellt.
Eine Kraft, die wir nicht sehen, aber in uns tragen und spüren können.
Die sich als unsichtbarer Feind zu tarnen versteht.
Deren gesundheitliche Schäden nicht zu unterschätzen sind.
So auch wie in diesem Buch, wird die **Liebe** für Conny mit der Begierde zu einem Besitz. Ihre Gefühlswelt lenkte diesen Zustand wie ein Liebeswahn mit Besitzergreifung nach Rene ein, bis sie die Erinnerung der Liebe mit Liebeskummer und all seiner destruktiven Energie eingefangen hatte.

* * *

Liebeskummer,
den jeder im Leben einmal verspüren kann
oder besser gesagt einmal ereilen wird.
Mit den Erfahrungen, der Wehmut, Kummer
und seelischen Schmerz bis hin zu depressiven
Verstimmungen oder auch schweren
erlebnisreaktiven Depressionen, die durch ein
Erlebnis mit einer Verlusterfahrung erlebt
wurde.
Verdeutlicht gesagt, wenn die Liebe durch
eine Trennung verloren gegangen ist und das
Leben wie bei Conny eingeschränkt zu einem
Zerwürfnis wurde, das ihr Leben nicht mehr
lebenswert macht.
Es sei darauf hingewiesen, dass
Liebeskummer nicht krankheitsspezifisch ist.
Also keine psychische oder physische
Krankheit darstellt und in der ICD-10
(Internationale Klassifikation psychischer
Störungen) nicht als Krankheit aufgeführt
wird.
Obwohl sich das mit Symptomen durch den
großen Leidensdruck psychisch und auch
körperlich äußert.
Noch mal die Erklärung hierfür:

Liebeskummer kann jeden treffen und ist keine Krankheit.
So kann wie in diesem Buch beschrieben das anerzogene Problem durch Selbsthilfe in Eigentherapie behoben werden und sich das psychische Gleichgewicht durch forcierte Selbsthilfekräfte wieder stabilisieren.
Mit anderen Worten:
Ein Selbsthilfebuch in Eigentherapie wie dieses ist unter strenger Beachtung meiner fachlichen Vorgehensweisen vollkommen ausreichend für das Kummerproblem.
Weg von Alten hin zu Neuem. Das muss neu erlernt werden. Denn wir sind ja nicht mit Liebeskummer auf die Welt gekommen.
Der Liebeskummer mit all seiner Destruktivität ist erlernt worden und was mal erlernt worden ist, das ist auch wieder umlernbar oder auch verlernbar.
So die Schlussfolgerung daraus.
Festgefahrene Denkmuster und Verhaltensweisen umzulernen, erklärt sich im Grunde ganz einfach.
Denn wenn man lange genug etwas macht, dann geht das auf die Psyche und den Körper als Lerneffekt über.
Wozu der Betroffene aber alleine meistens nicht fähig ist und neues Wissen mit Lenkung aus seiner Gefühlsfalle benötigt.

* * *

So auch ist die Liebe oder der Liebeskummer keine Frage von Jung oder Alt, Teenager oder Erwachsenen, Mann oder Frau.
Jede Gefühlswelt hat ihre eigene Intensität von Empfindungen und ganz besonders Menschen mit den Eigenschaften der sensitiven Empfindsamkeit und Stressanfälligkeit durch negative Reizerlebnisse wie Liebeskummer.
Im Fachbegriff **Vulnerabilität**.
Wenn diese sensitive Eigenschaft angekratzt oder durch Kummer in Bedrängnis gebracht wird.

* * *

… Der Liebeskummer im ständigen Kampf gegen sich selbst kann bei Männern bis zum Libidoverlust und bei Frauen zu Appetitstörungen führen.
Klarer ausgedrückt, Anreize für den Sexualtrieb sind durch den Liebeskummer gehemmt oder vollständig blockiert.

* * *

… Die Teenager- bis in die Früherwachsenenzeit war für Conny und Rene mit einer pubertären Reifeverzögerung verbunden, für Labilität, Oberflächlichkeit, revolutionäres Verhalten und mehr.
So stellte sich für die beiden nicht die Frage, was kommt später oder irgendwann.
Sie gingen nur ihren Gefühlsempfindungen nach.
Unbeachtet dessen, dass die schleichende Reifeverzögerung beide in ihrem Wesen und Charakter veränderte.
Ein Paar, das durch das Erwachsenwerden entfremdete.
Was sie doch einmal in Liebe und Harmonie zusammengeführt hatte und irgendwie gar nicht mehr zusammengehörte oder zusammenpasste.
Keiner von beiden konnte das in seiner frühen Zeit ahnen, dass die Zeit ihre Gefühle so auf die Probe stellen wird. **Die Zeit** stellt ihre eigenen Wegweiser auf und ein Festhalten an alten Liebesgefühlen verwehrt neue Chancen, mit vertaner Zeit sich für eine **neue Liebe** zu öffnen.
Somit werden viele Jahre oder besser gesagt **Leidensjahre** im Schmerz und Leid mit sich herumgeschleppt.
Es bleibt dann nur noch sehr zu wünschen übrig, dass die vergeudeten Jahre auch irgendwann im **Happy End** enden.

* * *

… Doch gehen wir noch einmal in einen kurzen Gedankenspaziergang zurück zu Conny und Rene.
Die diese starken Gefühlsbindungen in sich aufgenommen haben, wobei doch ein gewisses Ungleichgewicht vorhanden war.
Mit den weitaus größeren Liebesempfindungen von Conny.
Woraus sich ein Besitz, ja ein Besitzanspruch auf Rene prägte und bei der Trennung die **Eifersucht**, der **Hass** und das Leid umso größer waren.
Ein großer Trugschluss, der sich da bei Conny auftat mit dem Denken darüber, „jetzt gehörst du mir, ich werde dich besitzen und keine Andere wird dich mir mehr wegnehmen können“.
Das ließ Conny nach der Trennung in ein Netzwerk von Destruktivität und Selbstzerstörung fallen.

* * *

… Meine schönste Zeit.
So fing alles einmal an. Viele schon sehr frühe und starke Gefühlsregungen bahnten sich den Weg in Connys sensitives Wesen.
Da war Rene aus der Jugendgruppe, der mit seiner tollen Erscheinung eine große Wirkung auf Conny hatte.
Rene es jedoch zu Anfang eher als Cliquenfreundschaft sah.
Hier schon waren die Anfänge für ein Ungleichgewicht von Gefühlsempfindungen, die Conny mit einem Hauch von Magie und Bewunderung aufnahm.
Rene hingegen diesem eher unnahbar und kühl begegnete. Doch ließ die Unnahbarkeit durch Connys Umgarnen mit Schmeicheleien immer mehr nach, bis sich doch bei dem gefühlslabilen Rene Regungen weckten.
Die Triebfeder für eine Liebesbeziehung war geboren.
Nun, dieses blieb auch Conny nicht verborgen und sie fühlte sich heimlich als Siegerin in diesem Rennen um Gefühle und Besitz.

Allerdings musste sie dabei immer sehr auf der Hut sein.
Mit den vielen schönen Augen durch ihre Nebenbuhlerinnen.
Aber auch in diesem Wettlauf um Gefühle siegte sie und eine weitere Hürde war genommen.
Sensitive Menschen wie Conny sind in ihren Gefühlsempfindungen sehr besitzergreifend. Die unter allen Umständen vermeiden wollen, verletzt zu werden.
Doch auch Rene blieb dieses Machwerk nicht verborgen. Sein labiles und beinflussbares Gefühlsleben ließ dieses zu. Er hatte den einfachsten Weg gewählt, denn Conny war ja immer für ihn da und eine Brautschau nach anderen brauchte er nun nicht mehr zu halten. Auch hatte Conny wieder dieses Hochgefühl für Ihren Besitzanspruch auf Rene. So war sie doch auch bei Renes Eltern gut angekommen. Sie hatte es geschafft, alle manipulativ einzunehmen. Nur ihre eigenen Eltern ließen Sie im Regen stehen.
Sie lehnten Rene ab und folgten nicht ihrem manipulativen Verhalten.
So auch beim ersten Kennenlernbesuch mit Connys Eltern spiegelte sich Renes schwache und labile Persönlichkeit wider.
Nur keine Verbindung mit den Eltern und ganz besonders nicht zu Connys Mutter.
Mit dem Gefühl, Rene, du bist für meine Tochter nicht der Richtige.

Eine innere Zerrissenheit tat sich hierdurch bei Conny auf, mit der Angst, nun ihren Rene zu verlieren.
Hatte sie doch alles daran gesetzt ihn zu gewinnen, was nun verloren schien.
Aber auch dieses Meisterstück gelang ihr.
Conny wurde der Besitzanspruch auf Rene durch die ständige Quengelei ihrer Eltern nicht genommen und so waren auch letztlich die Familienverhältnisse geklärt.
Die Liebe hatte gesiegt und der Weg für eine spätere Heirat sollte nun frei sein.

* * *

Rene ging weiter seinen Dienst beim Militär in der nahegelegenen Station nach, bis sich eine **Ehe auf Probe** im Elternhaus von Rene anbot.
Im Nachtgeflüster dann das überraschende und romantische Heiratsbegehren von Rene.
Na, das waren doch Worte, die Conny nun endgültig um das Gewinnen im Rennen um Liebe, Gefühl in Besitztum bestätigen ließ und Renes Eltern mit ihrer Unterstützung setzten all dem noch die Krone auf.
So rückte der Tag der Trauung mit dem Datum 13 heran. Ein Tag für Aberglaube und Unglück.
Das Jawort besiegelte nun endlich Liebe und Besitz.
Sie waren von nun an für immer vereint.

So die schönen, aber auch naiven Gedanken in dieser Zeit. Connys Eltern blieben auch in der Folgezeit hartnäckig und bei der Hochzeitfeierlichkeit fern.
Rene war eben nicht der Richtige und dabei sollte es bleiben.
Nur eine kühl geschriebene Glückwunschkarte mit einem Blumenstrauß erreichte noch am Abend das Brautpaar.

* * *

… Der kalte Ehealltag mit seiner Monotonie und Schattenseiten ließ nicht lange auf sich warten und hatte schleichend Einzug in ihr Eheleben gehalten.
Und da war **sie, die Andere**.
Die wie aus dem Nichts auftauchte und Rene, labil wie er war, darin verrannt hatte.
Da half auch der Appell seiner Eltern nichts. Er ging allen Unannehmlichkeiten gern und ängstlich aus dem Weg.
Wobei ein Berufssoldat von solchen Eigenschaften doch nicht behaftet sein dürfte, so Renes Vater.
Nun waren durch die verletzten Gefühle und vor allem der Besitzanspruch auf Rene verloren gegangen und die einseitigen Liebesgefühle von Conny in Hass, Eifersucht und Vernichtungsgedanken umgeschlagen.
Conny saß in der Gefühlsfalle.

Rene hingegen ging unbekümmert seinem Vergnügen nach, das sich ihm anbot und von Wehmut keine Spur. **Eifersucht**, der wirksamste Liebesdrang auf dieser Welt, beherrschte nun Conny, das zurückzugewinnen, was ihr Besitz war und nun verloren gegangen schien.
Eifersucht, diese negative Energie, kann Dinge bewirken, die unter normalen Umständen **nie** möglich sind und im Umkehrschluss das übermächtige Liebesgefühl mit überschäumender Euphorie und Tatendrang.
So war Conny von diesem Liebesdrang der Eifersucht besessen, alles daran zu setzen, sich für ihre verletzten Gefühle Gewissheit zu verschaffen und doch noch mit der geheimen Hoffnung, ihren Besitz und die Liebe zu retten.
Mit dem Denken darüber, **komm zu mir zurück, du gehörst mir**.
Doch die Hassgedanken übernahmen ihr Handeln und letztlich gingen die Liebe und Conny zurück, von da, wo sie hergekommen war, nach Hause zu ihren Eltern.
Hier nun begannen die Erinnerungen der Liebe mit dem Liebeskummer, der Conny mit all seinen zerstörerischen Kräften überfiel und immer noch mit einem Rest von Hoffnung die Liebe zurückzugewinnen.
Doch für Conny war es schon zu spät.
Wie ein altes Sprichwort sagt.
Die Hoffnung stirbt zuletzt.

* * *

… So auch der endlose Blick auf den Garten mit der Musik aus längst vergangener Zeit in **Memoire** versunken. Sie führten Conny bis an den Abgrund, sich im Leben überflüssig zu fühlen, wobei ihre Mutter es verstand, sie hiervon abzuhalten.
Gerettet war Conny, doch **ihr Kummer blieb.**
Der Freund und ständige Begleiter Alkohol half ihr durch eine sehr kritische und schwere Zeit, um den Gefühlsschmerz ertragen zu können.
Doch ein intensiver Traum mit Zukunftsängsten ließ sie in Bewegung setzen und Hilfe suchen.
Um eine Tür aus ihrem destruktiven Labyrinth zu öffnen.
So war der Gedanke geboren, durch die hypnotische Gesprächsführung mit dem sanften Weg sich aus der Gefühlsfalle zu befreien.
Hier nun wurden für Conny die Weichen für neues Wissen und Horizonte gestellt.

Mit dem psychologischen Wegweiser „Weg vom Alten hin zum Neuen“.
Die alte Leidenslast, die keine Berechtigung mehr hat, mitgeschleppt zu werden, ist schon längst überfällig für die psychische Restmülltonne als **Seelenschrott**.
Conny wendete die hypnotische Gesprächsführung und Autosuggestion mit ganzer Begeisterung an.
Denn nur so konnten ihre selbstzerstörerischen Kräfte eliminiert werden.
Conny hat mit dem psychologischen Werkzeug einen Schlüssel in die Hand bekommen, die Tür zu ihrem geistigen Gefängnis zu öffnen.
Im Kampf gegen sich selbst hatte Conny die Weichen für ihren weiteren Lebensweg **neu gestellt**.

Ende

Kapitel 8

Mein Leben ohne Rene

Viele Jahre waren vergangen und der Schatten, der sich über mich gelegt hatte, war aufgehellt.
So sah ich Rene durch eine Zufallsbegegnung wieder und doch überkamen mich in diesem Moment ganz unbewusst Erinnerungsgefühle mit Impulsregungen.
Für ein Ausweichen mit Flucht oder auf mich zukommen lassen.
Aber wie es manchmal im Leben so ist, kreuzen sich bei solchen Begegnungen die Wege.
Dass Entrinnen nicht mehr möglich ist.
Rene hatte sich sehr verändert und ich hätte ihn fast nicht wieder erkannt.
Für kurze Momente waren sie wieder da.
Die Erinnerungen der Liebe, wie Rene bei der Rückkehr vom Militär am Bahnhof stand.
In Soldatenuniform mit einem Blumenstrauß winkte und ich ihm in seine ausgebreiteten Arme lief.

Doch das ist lange her. Die Kühle überfiel mich wieder nach dieser kurzen **Revue** der Erinnerungen und im Jetzt und Hier war kein Winken von Rene mit einem Blumenstrauß für glückliche Momente.
Eine Unnahbarkeit war es, die sich da bei uns einstellte und doch löste ich mich aus meiner Anspannung mit einem „Hallo Rene, was für eine Überraschung dich heute hier zu treffen".
Diese Überraschung, so hatte ich das Gefühl, war Rene gar nicht recht,
der mir eher wie versteinert mit stolprigen Worten gegenüberstand.
„Conny, ich war ganz in Gedanken vertieft und war mir nicht sicher, ob du es wirklich bist. Manchmal ist das bei mir so, wenn mir vieles durch den Kopf geht. Aber es ist eine große Überraschung, dich heute hier in der Stadt zu treffen."
Sein Gesicht war bei diesen Worten ausdruckslos und ohne Freude. Seine Sprache monoton.
Das war nicht mehr der Rene, den ich mal kannte.
So wurde belanglos über dies und das geplaudert.
Wobei mir doch wichtig war, etwas mehr aus der Zeit nach unserer Trennung über ihn zu erfahren und wir verabredeten uns etwas später in dem gegenüberliegenden Café.
So saßen wir da.

Aus der einst großen **Liebe** waren alte Bekannte geworden. Wobei ich doch sehr gespannt war, was sich aus den Erzählungen alles heraushören ließ.
So wurde Rene damals nach unserer Trennung auf eigenes Bemühen hin zu einem weit entfernten Militärstützpunkt versetzt.
Wo auch in einer späteren Zeit sein Dienst endete. Rene war kein Soldat mehr und ging jetzt einer normalen beruflichen Tätigkeit nach, die nichts mit einer Karrierelaufbahn zu tun hatte.
Er würde alleine leben und den Kontakt zu seinen Eltern schon lange abgebrochen haben. Gründe hierfür verneinte er. Doch auf meine Nachfrage, warum er keine Lebenspartnerin oder Freundin hat, waren seine Worte nur schwermütig.
Es habe sich vieles in den Jahren verändert. Auch er sei ein anderer geworden und manches soll wohl auch immer so bleiben.
Viel Wehmut war aus diesen Worten heraus zu hören und ein zufriedener oder glücklicher Mensch hatte einen anderen Gesichtsausdruck.
Ja, mein Rene, mit dem ich einmal sehr glücklich war, hatte sich sehr verändert.
Die schönen Eigenschaften aus den
Erinnerungen der Liebe
waren ihm verloren gegangen. So dachte ich mit etwas Wehmut, wie doch die Zeit einen Menschen verändern kann.

Es war keine Missgunst, die sich da bei mir auftat.
Eher ein Mitgefühl, man kann sich im Leben nicht immer aussuchen, was man gern möchte oder begehrt.
So kehrten sich die Gespräche nach und nach in unsere Erinnerungen der Liebe um, die uns doch mit etwas Wehmut überfiel.
Es war einmal schön und ist nun unwiederbringlich verloren gegangen.
Mit unseren Händen, die sich dabei zaghaft berührten.
Jedoch Gesten von Mitgefühl und nicht von Liebe waren.
Die Begegnung neigte sich dem Ende zu.
Beim Abschied reichte mir Rene noch ein letztes Mal seine Hand, die sich lasch und kraftlos anfühlte und ich aus alter Zeit noch ganz anders in Erinnerung hatte.
Jetzt aber eher nach Halt bei mir suchten.
Ich setzte meinen Weg fort mit den letzten Worten „Ich muss jetzt gehen, denn da wartet jemand auf mich. Ich bin zum zweiten Mal sehr glücklich verheiratet.
Leider hast du dein Versprechen, mich ein zweites Mal zu heiraten, nicht eingelöst“.
Mit einem letzten traurigen Schulterblick zurück zu Rene und den Worten „Menschen kommen und gehen. Doch einige bleiben immer in unserer Erinnerung und manchmal auch in unseren **Herzen**.“
Rene schaute mir noch lange nach.

Er blieb alleine zurück.

Noch lange danach war ich in unruhigen Nächten gedanklich mit dieser Begegnung verbunden.
Ich habe das mächtige Gefühl von wahrer Liebe einmal erfahren dürfen.
Auch wenn ich an der Liebe von Rene Zweifel hatte, so musste ich doch die leidige Erfahrung machen, dass Liebe nicht zum Besitz werden darf.
Für mich war es ein unwiederbringliches Geschenk. Auch wenn die Liebe einmal geht. Denn die Zeiger der Uhr drehen sich nur vorwärts und nie zurück. So soll es auch bei Rene sein.
Rene geht alleine seinen Weg, wo auch immer er hinführen wird und doch einen Platz in meinem Herzen behält.
Eine unruhige Nacht ließ mich an diesem Morgen wieder früh erwachen und ich denke: 5 Uhr morgens, was für ein schöner Tag.

Ende

Kapitel 9

Ein psychologischer Leitfaden für eine erfolgreiche Partnerschaft.
Liebe mit Beständigkeit.
Beziehungsfähigkeiten ausbilden und neu erlernen.

* * *

Liebe Leser,
zum Schluss meines Buches ein psychologischer Leitfaden für eine erfolgreiche Partnerschaft mit Beständigkeit die für beide,
Sie und **ihn,** zutrifft.
Was ein Zusammenleben harmonisch und liebevoller gestaltet.

Zu 1:
Ihre Natürlichkeit ist gefragt.
Geben Sie sich in der Kennenlernphase und auch im späteren Zusammenleben **natürlich** und seien Sie kein übertriebener Schauspieler auf einer Theaterbühne.
Denn das wird sehr schnell von Ihrem Partner oder Ihrer Partnerin enttarnt und Sie werden sich das Prädikat Unaufrichtigkeit einhandeln.
Was früher oder später zu Spannungen und Streit führen wird.
Natürlich ist gegen ein etwas sich hervortun nichts einzuwenden und macht eine Beziehung nicht langweilig. Nur Theaterstücke gehören auf die Bühne und nicht in eine Partnerschaft.

Zu 2:
Ihre Selbstständigkeit ist gefragt.
Wie auch immer Ihre Partnerschaft im Innenverhältnis gelebt wird, behalten Sie sich eine gewisse Selbstständigkeit und freies Denken vor.
Auch das kann Ihren Partner beeindrucken und gibt dem Alltag mehr Stabilität.
Seien Sie selbstbewusst kein bedingungsloser Jasager.

Vielleicht braucht auch Ihr Partner ab und an Unterstützung für Problemlösungen in Alltäglichkeiten und wird dieses dankbar annehmen.
Ihre Selbstständigkeit zu verlieren oder gar aufzugeben, weil Ihr Partner das Zepter übernommen hat, kann sehr gefahrvoll sein. Denn sollte Ihre Paarbeziehung einmal auf dem Prüfstand stehen und zerbrechen, spätestens dann ist Ihre Selbstständigkeit wieder gefragt, um nicht hilflos dazustehen. Viele Partner mussten schon diese leidige Erfahrung machen.

Zu 3:
Fair streiten, aber nicht um jeden Preis.
Massiver Streit und strittige Auseinandersetzungen werden in einer Paarbeziehung nicht ausbleiben und manchmal auch nicht ohne Folgen sein.
Nur Ihr **Streitstil** ist gefragt.
Nicht der Hass, Missgunst, Vernichtungsgedanken oder gar Gewalt ins Uferlose.
Dieses wird mit einer Belastung früher oder später jede Partnerschaft zerrütten.
Machen Sie kleinere oder auch größere Kompromisse.
Machen Sie Vorschläge für ein Friedensangebot, mit dem es sich leben lässt und beharren Sie nicht auf Ihrem Standpunkt. Der auch ebenso zweifelhaft sein kann.

Flexibilität sollte der Türöffner für Frieden sein.
Es gibt weitaus Schlimmeres, als wegen einer Bagatelle die Liebe zum Partner aufs Spiel zu setzen.

Zu 4:
Ihre Gesprächs- und Zuhörbereitschaft ist gefragt.
Seien Sie mit diesen Dingen mit einer Portion Fantasie sehr kreativ, um eine Partnerschaft lebhaft und in Gang zu halten.
Kommunikation ist eins der wichtigsten Elemente in einer Paarbeziehung.
Es gibt nichts Schlimmeres als sich schweigend gegenüberzusitzen und sich nichts zu erzählen.
Genau so langweilig kann es sein, immer wieder den gleichen Gesprächsstoff aufs Neue herunterzuleiern.
Nichts davon nützt dem eigenen Wohlbefinden, sich nur anzusehen und stumm zu bleiben.

Zu 5:
Schaffen Sie Harmonie.
Auch im Alltag ist Harmonie wohltuend.
Gestalten Sie Ihr Zusammenleben nicht nach abstrakten Maßstäben.
Wärme und Gleichklang ist eine harmonische Energie, die auf das Stimmungsbild einwirkt

und schon so manche Aneckpunkte für Streitereien ausschließt.
Etwas Kerzenlicht und Lieblingsmusik könnten dieses schon bewirken.

Zu 6:
Sexualität.
Ohne die wird sich eine Paarbeziehung ins Nichts verlaufen.
Denn rein platonische Liebe reicht dafür nicht aus.
Sexualität und Kommunikation sind zwei der wichtigsten Elemente in einer Paarbeziehung, die eine Partnerschaft erst zu einer Partnerschaft werden lassen.
Bricht eins von beiden weg, dann ist es nur noch eine Frage der Zeit und das Ende ist abzusehen.
Seien Sie fantasievoll und kreativ in der Stimulation, denn nirgendwo steht geschrieben, dass es hierfür ein Standardprogramm oder Nachschlagewerk gibt.

Zu 7:
Das Gefühl für Geborgenheit und seelische Wärme ist gefragt.
Strahlen Sie Wärme und Geborgenheit aus, auch wenn das im hektischen Alltag nicht immer möglich ist.

Kühle oder gar Gefühlskälte dem Partner entgegenzubringen birgt immer ein Gefühl von Abweisung und Selbstzweifel.
Was tunlichst vermieden werden sollte.
Bemühen Sie sich um diese Art seelische Wärme, die Ihr Partner dankbar entgegennehmen wird.
Gerade dann, wenn es ihn in einem Stimmungstief kalt erwischt hat.

Zu 8:
Ihre Treue zum Partner ist gefragt.
Die Fähigkeit zur Treue ist bei den meisten Menschen sehr unterschiedlich in ihrem Wesen eingebettet.
So kann es sehr schnell dazu führen, wenn ein Partner damit etwas labil ausgestattet ist.
Sich in einem Treuebruch verfängt, was für beide gleichermaßen zutreffen kann.
Wünschenswert ist dann nur noch die eheliche Absicht um Verzeihung.
Viele Paarbeziehungen wurden damit schon auf die Probe gestellt.
Wie stark die Zuneigung oder Liebe für so eine Zerreißprobe wirklich war.

Zu 9:
Ihre Ästhetik und gutes Aussehen sind gefragt.
Wie so vieles in einer Partnerschaft schleifen sich nach und nach Gewohnheiten und Nachlässigkeit oder auch Gleichgültigkeit ein.

Achten Sie auf diese Stolpersteine, die eine Gefahr für Trennung sein können.
Erinnern Sie sich, Sie haben Ihren Partner irgendwann einmal schick und gutaussehend kennengelernt.
Was sich nun zu einem Auslaufmodell oder Ladenhüter entwickelt hat.
Laufen Sie nicht in einem Stimmungshoch oder zu sinnlichen Anlässen mit Lockenwicklern im Haar und schlotteriger Jogginghose herum.
Seien Sie um Ästhetik und Schönheit bemüht, denn so haben Sie Ihren Partner einmal kennengelernt.
Was ihm bestimmt noch gut in Erinnerung geblieben ist.
Greifen Sie dem vor, bevor Sie sich strittige Kommentare anhören müssen.

Zu 10:
Ihre Hilfsbereitschaft ist gefragt.
Schauen Sie Ihrer Partnerin oder Partner nicht unentwegt bei Hausarbeiten zu, die womöglich damit überfordert sind, um alles in Ordnung zu halten.
Seien Sie aufmerksam und zuvorkommend.
Schlimm genug ist es, wenn jemand nur im Fernsehsessel hockt und überschlaue Anweisungen verteilt.
Wobei unentwegt die Fernbedienung für Fernsehprogramme rauf und runter gezappt wird.

Seien Sie bemüht, auch in Kleinigkeiten zur Hand zu sein.
Auch wenn Ihr Partner nichts sagt.
Der Dank sei Ihnen auf irgendeine Art gewiss.

Zu 11:
Ihre Kritikfähigkeit ist gefragt.
Kritik, egal welcher Art, kann mitunter sehr lästig sein.
Vor allem dann, wenn Sie immer und immer wieder aufs Neue angeprangert wird.
Doch kann es durchaus sein, dass Ihr Partner mit seiner konstruktiven Kritik richtig liegt und Sie es als einen Angriff auf Ihre Persönlichkeit bewerten.
Sollten Sie so einer Kritik ausgesetzt sein, dann überprüfen Sie doch einmal etwas detaillierter Ihre Denkweise.
Wenn sich dann doch die Richtigkeit der Kritik herausstellen sollte, dann soll Recht auch Recht bleiben.
Geben Sie nach, Ehekrach und Streit wegen Kleinigkeiten reibt nur an den Nerven und Sie werden sich im Nachhinein erst recht schlecht fühlen.

Zu 12:
Ihre Gefühle sind gefragt.
Auch die Fähigkeit, Gefühle zu zeigen, ist bei vielen Menschen sehr unterschiedlich in ihrem Wesen geartet.
So gibt es die Gefühlskälte oder Gefühlskühle.

Was man sich leider nicht immer aussuchen kann und tief im Wesen eines Menschen eingebettet ist.
Doch auch das Bemühen darum wird von Ihrem Partner für mehr Vertrauen und Zugewandtheit erkannt.
Ein Bemühen um etwas macht so manches erreichbarer, dem man anfangs kritisch gegenüberstand.
Seien Sie um Gefühle bemüht, wenn es Ihnen wichtig ist.
Denn sie sind uns gegenüber für Empfänglichkeit, Zuneigung und Vertrautheit.

Zu 13:
Ihr Humor ist gefragt.
Humor, so kann man sagen, ist ein Gewürz für einen sich immer wiederholenden monotonen Alltag.
Auch Witz mit Albernheit ist erlaubt und hebt das innere Stimmungsbild auch an düsteren Tagen.

Zu 14:
Ihre Ehrlichkeit ist gefragt.
Seien Sie ehrlich zu Ihrem Partner. Lügen, auch in Kleinigkeiten, summieren sich und sind in einer Partnerschaft immer ein Anlass für Misstrauen, Zweifel mit schlechten Gefühlen und Streit.
Zudem ist es auch immer anstrengend, sich ein Lügengebäude, eine Lügenkonstruktion

zurechtzureimen, denn es könnte ja doch mal sein, dass Sie von Ihrem Partner ertappt werden.
Auch hat so manche große Liebe der Unehrlichkeit nicht standhalten können.

Zu 16:
Ihre Kochkunst ist gefragt.
Wenn Sie Freude und viel Spaß am Kochen haben, dann binden Sie Ihren Partner in Ihre Kochkunst mit ein.
Hier gibt es immer viel interessanten Austausch über Handhabungen, Zutaten, Geschmack, Geruch, Gewürz, Garzeiten und letztlich das fertige Gericht.
Was wieder mit Anregungen für das ein oder andere noch besser zu machen ist.
Kochen ist eben immer ein spannendes Experimentieren und nicht langweilig.
Binden Sie Ihrem Partner die Kochschürze um und setzen Sie ihm die Kochmütze auf, vergessen Sie nicht, ihm noch einen großen Kochlöffel in die Hand zu drücken.
Auch wenn er sich anfangs sträubt, so ist es doch immer spaßig und macht gute Laune.
Auch ein Foto für die Ewigkeit bietet sich an.

Zu 17:
Und zu guter Letzt ist die Wahrnehmung auf Ihren Partner gefragt.
Wie geht es ihr oder ihm?

Ein unmerkliches Beobachten ist gemeint, um Ihren Partner auch an schlechten Tagen aus einem Stimmungstief zu holen.
Wenn Sie so einen Verdacht haben, dann lenken Sie aufbauende Gespräche, egal welcher Art, mit ein.
Greifen Sie ihm unter die Arme und vereinnahmen Sie ihn.
Denn manchmal wirkt so ein Anstoß Wunder.
Solche Problemtage zu meistern und Ihr Partner fühlt sich nicht allein gelassen mit seinen momentanen Belastungen.
Er braucht in solchen Momenten Ihre Hilfe, was Sie mit Ihrer Wahrnehmung auf ihn erkennen werden.

Liebe Leser,
All diese psychologischen Leitempfehlungen dienen in der Paarbeziehung einem harmonischen Zusammenleben.
Man könnte es auch so ausdrücken, den eigenen Persönlichkeitsstil nachbessern.

Zum guten Schluss noch ein psychologischer Leitfaden, den jedoch nur **er** beherzigen sollte.

Wann fühlen sich Frauen geliebt.

- Dass der Partner zuhört und sich bemüht, Ihre Gefühle zu verstehen.
- Dass der Partner Mitgefühl zeigt.
- Dass der Partner Unterstützung und Hilfe anbietet.
- Dass der Partner bemüht ist, Harmonie zu schaffen.
- Dass der Partner Ihre Gefühle ernst nimmt.
- Dass der Partner Sie reden lässt und nicht ständig besserwisserisch unterbricht.
- Dass der Partner auch ihre kleinen alltäglichen Probleme ernst nimmt.
- Der Partner sie umsorgt und respektiert.
- Der Partner ihr auch das Gefühl gibt, etwas Besonderes zu sein.
- Der Partner ihr das wichtige Gefühl von Treue und Zuverlässigkeit gibt.
- Der Partner Sie mit kleinen Aufmerksamkeiten überrascht.
- Der Partner ihr bei wichtigen Entscheidungen zur Seite steht.

- Romantik und sexuelle Erfüllung zu erleben.
- Berührungen und Umarmungen.

Liebe Leser,
das sind einige wichtige psychologische Leitlinien für eine Paarbeziehung.
Wenn Sie auch nur einige davon beherzigen, dann haben Sie schon viel für eine erfolgreiche Partnerschaft getan.
Denn es gibt immer etwas besser zu machen.

Ihr Franco W. Schneider

Ende

Über den Autor:

Franco W. Schneider,
durch meine Fachausbildung in der
Hypnose,
der klassischen Tiefenhypnose nach S. Freud
und der Autosuggestion nach E. Coué.
entwickelte ich in meiner Therapiefreiheit eine
spezifische Hypnose für **Sucht-**
und Erinnerungsamnesie
verschollener Erinnerungen.

Liebe Leser,

für die Hypnoseausübung
bringe ich nicht nur die Fachausbildung für
Hypnose- und Erinnerungsamnesie mit,
sondern auch mein Erfahrungspotential aus
meiner Klientenarbeit für gesunde
Ratsuchende mit den unterschiedlichsten
Persönlichkeitscharakteren.
Für den Erfolg meiner spezifischen
Hypnose–Trance,
Induktionen
und Erinnerungsamnesie verschollener

Erinnerungen ist mein ausgeprägtes,
mein empathisches Einfühlungsvermögen in andere Menschen, verantwortlich.

Ich fühle, was **Du** fühlst und
Ich denke, was **Du** denkst,
auch ohne Worte.
Deine unbewusste Körpersprache verrät **mir** mehr als **du** sagen willst,
ist für **mich** von großem hypnotischem Nutzen.
Dieses empathische Einfühlungsvermögen ist eine **Gabe**, ja
ein **Geschenk** der Natur zur Weiterreichung für die
„**Gesundheit**" meiner Klienten.

* * *

In den Folgebüchern aus meiner früheren Klientenarbeit über Klienten mit Erinnerungsamnesie oder Erinnerungsverdrängung durch **Traumageschehnisse**,
werden in Hypnosetrance unbewusste Vorgänge enttarnt und sichtbar gemacht, was mit unserem normalen Wachbewusstsein nicht möglich ist und für meine Klienten im Nachhinein wundersam, aber auch

erschreckend ist, was ihr Unbewusstes alles preisgibt.

* * *

Liebe Leser,
Geheimnisse aus dem Unbewussten zu ergründen und sichtbar zu machen,
ist sehr geheimnisumwittert und spannend in meinen Büchern zu lesen,
die es wert sind, sich diese vorzumerken.

* * *

Tauchen Sie ein, zu der Innenseite Ihres Ichs durch Autosuggestion und Tiefenhypnose.
Entdecken Sie neue und schöne Seiten an sich, nur diesmal innere Schönheit.

* * *

Meine Folgepublikationen konnten nur mit Einwilligung und Mitarbeit aus den Lebensgeschichten meiner Klienten geschrieben werden, denen ich hiermit meinen **Dank ausspreche**.

* * *

Auf meiner Internetseite finden Sie eine Buchauswahl unter

www.autor-francowschneider.de

* * *

Folgepublikationen:

Therapie
in Hypnosetrance.
Die Giftsucht.

Das Selbsthilfebuch.
Rauchen und Nikotinsucht besiegen.
Den Menschen durch Hypnose aus seinem geistigen Gefängnis holen.

In sich gefangen.

Ein Hilfeschrei aus der Seelenfinsternis.
Wohin schlägt die Waagschale für Menschlichkeit aus.
Gefahren erkennen – Gefahren vermeiden.
Ich bin geboren und war schon vorher verloren.
Ein Weg im geistigen Labyrinth, der nie endet.

Die Begründung einer Seelenfinsternis in Hypnosetrance.

Geheimnisse aus dem Unbewussten

Ein Schritt ins Jenseits und zurück.
Ein Buch, das nachdenklich macht.
Eine Nahtoderfahrung.
In Hypnosetrance ein Blick durch die geöffnete „Tür ins Jenseits“.

Liebeskummer der mein Leben veränderte.

Das Selbsthilfebuch für die Zeit danach.
Eine Biographie.
Erinnerung der **L i e b e** .
Die Gefühlswelt in Revolution.
Eine hypnotische Weichenstellung für **n e u e s G l ü c k**.

Lebenskunst

Der ungebrochene Wille,
immer wieder aufzustehen.

Das Selbsthilfebuch:
Durch Hypnose und Autosuggestion im Leben kein Verlierer zu bleiben.

Die verkaufte Seele

Die Biographie einer
E d e l p r o s t i t u i e r t e n.
Neue Wege durch eine hypnotische
Weichenstellung.

Für immer verschollen

Unwiederbringliche Erinnerungen.
Eine Biographie:
Eine hypnotische Reise in das Reich des
Unbewussten.

Hypnotische „Diät“
bei Übergewicht.
Esssucht. Magersucht

Das Selbsthilfebuch.
Die hypnotische **D i ä t** durch Selbsthypnose
und Tiefenhypnose bei Übergewicht.
Ein Weg, sich glücklicher zu fühlen.

Das Jahr 2222
geht dem „Mensch“
das Menschsein verloren?

Eine philosophische Zeitreise
in das Jahr „2222“.

Therapie

in Hypnosetrance.
Erfolgssucht.

Burnoutsyndrom.
Das Selbsthilfebuch.
Der Sturz in den Abgrund.
Die hypnotische Lenkung, frei zu werden.

Therapie
in Hypnosetrance.
Die Giftsucht.

Alkohol und Drogensucht.
Das Selbsthilfebuch.
Die hypnotische Hilfe für Giftsucht.

Gefangen im „Netz“ der Sucht
Internet und
Glücksspielsucht.

Das Selbsthilfebuch mit einer hypnotischen Lenkung.
Eine Biographie.
Der Bildschirm und die Roulettekugel,
die mich beherrschen.

Eifersucht

Der mächtigste Liebesdrang auf dieser Welt.
Eine Biographie:
Eine hypnotische Lenkung aus dieser
Suchtfalle.